マドンナメイト文庫

素人告白スペシャル 忘れられない相姦体験

素人投稿編集部

第三章　獣のように性器を貪りあう家族の本性

第四章　淫罪を呪いながら肉悦を求める男と女

※本書に掲載した投稿には、読みやすさを優先して、編集部でリライトしている部分もあります。なお、投稿者・登場人物はすべて仮名です。

第一章

血縁関係を超えて肉欲に溺れた想い出

ひとり息子と同居するシングルマザー 布団の中で屹立する肉棒を握りしめ……

中本礼美　事務員・四十歳

今年、四十歳になるシングルマザーです。

二十代のひとり息子と二人暮らしをしています。でもこうなるまでには紆余《うよ》曲折《きょくせつ》がありました。実際に二人で暮らしはじめたのは、ほんの数年前のことなんです。

私はある男と十代のころに出来ちゃった婚をして、後に離婚しました。そして子どもの親権を相手の男に渡してしまったんです。

その理由は、新しい、二人目の夫との生活を優先したかったからです。我ながら、ひどい母親だと言われても仕方ないと思います。もともと二人目の夫とは、最初の夫と結婚中にしていた不倫の相手でした。ようするに私は夫と息子をおいて逃げてしまったんです。新しい生活を優先してしまったんです。

若かったとはいえ、息子のことを思うと本当にひどいことをしました。

そして、その天罰が下ったんでしょうか。私は十三年の結婚生活の末に、二人目の夫とも別れました。浮気をされて、その浮気相手に逃げられたんです。自分が元夫にしたことと、まったく同じことをされてしまったんです。

そして私の最初の夫――ひとり息子の数馬《かずま》の父親が亡くなったと聞いたのは、私が二度目の離婚をした直後のことでした。

それからいろいろあって、すでに成人していたとはいえまだ大学生で社会人になる前の息子の数馬を、私が引きとっていっしょに暮らすことになったんです。

正直言って、数馬を引きとることは、気が進みませんでした。

私は血を分けた子どもである数馬に、この十三年間、まったく顔を合わせていなかったんです。「合わせる顔がなかった」というのが正直なところでした。

きっと、数馬は自分を捨ててほかの男に逃げていった私のことを恨んでいるに違いない。顔を合わせたとたん、罵声《ばせい》を浴びせられるのではないか……。

しかし、それは杞憂《きゆう》でした。

久しぶりに会った数馬は、私に会うなりにっこりと笑いました。

「ありがとう……やっといっしょに暮らせるね、お……お母さん……」

数馬は、少し恥ずかしそうに、でもうれしそうにそう言ったんです。

実は、私は前の夫――数馬の父から、暴力を振るわれていました。私が浮気したのも、それが原因だったのです。数馬は、彼がまだ物心つくかつかないかのころだろうにそんないきさつをちゃんと覚えてくれていました。

「僕が好きなのは、お母さんなんだ。離れている間も忘れたことはなかったよ」

数馬の言葉に私は泣きました。そして思わず、たくましく成長した数馬の体を抱きしめたんです。数馬も、とまどいながらも、私を抱き返してくれました。

こうして、母子二人の、新生活が始まりました。

親の私が言うのも変ですが、数馬は、とても好男子に成長していました。すらっと身長が高く、やせ型だけど筋肉も適度についていて……鼻筋も通っていて、親バカと言われるかもしれませんが、いわゆるイケメンだと思います。

というか、私好みのルックスなんです。やはり亡くなった最初の夫に似ているのでしょうか。夫は、見た目はよくても暴力をふるうような男でした。でも数馬は、性格もいいんです。気が優しくて、暴力的なところはまるでないんです。

はっきり言って、私の理想の男性でした。

そんなふうにすっかり見た目は大人になった数馬ですが、妙に子どもっぽいところもありました。甘えん坊なところがあるんです。

「お母さん、いっしょに寝てもいい？」

そう言ってきたときは、さすがに少し驚きました。でもこれまで親らしいことをしてやれなかった分、これが少しでもお返しになればと思ったんです。

「いいわよ……入りなさい」

私は掛け布団を上げて、数馬を招き入れました。

季節は春で、数馬はタンクトップのシャツに短パンというラフな格好でした。

布団の中に入ると、しばらくは横に並んで寝ていましたが、すぐに体を密着させて私に抱きついてきました。

「数馬……」

「お母さんに会えたとき、僕のことを抱きしめてくれて……すごくうれしかった」

数馬はそう言って、自分の顔を私の肩のあたりにぎゅっと押しつけてきました。

そして私の体に手を回して、きつく抱きしめてきたんです。

こんなことされたら……相手は自分の子ども。頭ではそうわかっていても、成人した男性に布団の中でこんなに熱く抱きしめられたら、おかしな気持ちになってしまいそうでした。

しかも、相手は自分の「超タイプ」なんです。ずっと親子として暮らしていたなら相手を異性として見るなんてことはなかったでしょうが、そのときの私にとって数馬は、知り合ったばかりの男性と同じ感覚だったんです。

数馬が寝息を立てたあとにも、私はまんじりともせず、寝られませんでした。

そして数馬はその夜以来、毎晩私の寝室にやってくるようになったんです。

ある晩、私は布団の中で密着してくる数馬の股間に、偶然手がふれてしまったことがありました。その手の甲にははっきりと、硬いものがふれる感覚があったんです。

「あっ……」

私は思わず小さな声をあげました。

数馬は、寝ているのか起きているのか、よくわかりません。

健康な若い男性なら、寝ている間にそうなることもあるだろうと自分を納得させて、私も気にしないで寝ることにしたんです。しかし数馬が私のことを「女」として見ているのではないかという疑念は、私の中で日増しに強くなっていったんです。

そんなある日、私の洗濯物のなかから下着が一枚なくなっていました。

まさか……そう思って家をあけていた数馬の部屋を探ると、机の引き出しの中に私のパンティが入っていたのです。パンティには、何かがこびりついていました。

これ……もしかして……。

それは、男性の精液が乾いたもののように思えました。

まちがいありません。数馬は、私の下着でオナニーをしたんです。

私は身震いしました。数馬が恐ろしかったのではありません。数馬にセックスの対象として見られてうれしいと思った自分自身が、恐ろしくなってしまったんです。

パンティはそのまま、机の引き出しに戻しました。そしてその夜も数馬は私の寝室の布団の中に、当たり前のように潜り込んできたんです。

数馬の股間は、やはりふくらんでいるようでした。私の体に当てるでもなく当たっているのです。もどかしくなった私はその肉の棒を思い切って手でつかみました。

「あっ……！」

数馬の口から切ない声が洩《も》れました。

「ねえ、どうしてこんなに、大きくしてるの……？」

どうしてそんな意地悪な質問をしたのか、自分でもよくわかりません。何を言えばいいのか、母である私もよくわからなかったのかもしれません。

「ご……ごめんなさい……」

数馬の顔が真っ赤になっているのが、寝室の薄暗がりの中でもわかりました。

私は握った手を、軽く、上下にこするような動きをしました。

「あっ……んっ……！」

数馬の体が布団の中でもじもじと身悶《みもだ》えします。

「男の子ね……」

私自身もそう言いながら数馬の反応が面白くて、手の動きを止めることができませんでした。つい、いじめたくなっちゃうんです。

「ねえ、お母さんの下着でオナニーしたでしょう？」

私は単刀直入に疑惑を問いただしました。数馬は明らかに困った顔をして、もじもじしています。私はギュッと、強くオチ○チンを握りしめました。

「んあっ……！」

「ねえ、どうなの？」

私がきつく言うと、数馬は観念したように、黙ってうなずきました。

「だって、僕……お母さんのにおいをかぐと、おかしくなっちゃうんだ……」

数馬の言いわけを聞きながら、私はオチ○チンを強く責めるのはやめて、やさしく撫でるように、さすってあげました。裏筋に沿って指を這わせてあげたんです。

数馬の息が、どんどん荒くなっていきました。

「……ねえ、女の人と、セックスしたことある……？」

私が尋ねると、数馬はまたもごもごと口ごもってしまいます。

私はもう一度、強くオチ○チンを握りしめました。

「くっ……！」

数馬はくぐもった声を出し、観念したように首を横に振りました。

そして、小さな声でこうつけ加えたんです。

「お母さんで、童貞を捨てたい……」

その言葉を聞いたときの私の気持ちを説明するのは、とても難しいです。

血のつながった息子のこの言葉を、親としてはとても肯定できません。

でも女としては別だったのです。一人の男として見た場合、はっきり言って数馬は私のタイプでした。顔立ちは整っていてスタイルもよく、それでいてちょっと情けないところがあって、甘えん坊で……。そんな男性から「セックスしたい」と言われているのだから、私がうれしくなるのも無理はありません。

それに、やはり離れて暮らしていた時間が長かっただけに、血のつながった親子だと理性ではわかっていても、心は別だったんです。

私はオチ○チンから手を離して、数馬の手をとりました。

そしてその手を、自分の胸のふくらみに当てたんです。

「あ……！」

数馬の目が輝きました。

パジャマ越しに、数馬の手のひらが私の胸のふくらみに吸いつくように密着していきます。最初は恐るおそる、次第に大胆に私の胸をもんでくるんです。

「どう……？」

私が尋ねると、数馬は恥ずかしそうに、でもうれしそうにつぶやきました。

「すごく柔らかい……」

さわられている私も、気持ちよくなってきました。

「ん……脱がせて……じかに、さわってみて……」

私のパジャマのボタンをはずそうとする数馬の指先は震えていました。その不器用ささえ、じらされているみたいで私には快感だったんです。

ようやく脱がして目の前に現れたおっぱいを、数馬は文字どおり目が飛び出さんばかりに、食い入るように見つめてきます。視線でむずがゆくなるほどでした。

「そんなに見られたら、お母さんだって、恥ずかしい……あんっ！」

急な刺激に、私は布団の中で身悶えしてしまいました。前ぶれもなく数馬が私の乳首に吸いついてきたんです。まるで乳飲み子のように……。

「んあ、ぷは……お母さん……！」

数馬は私の背中に手を回して抱き寄せながら、乳首を舐め回します。

刺激を受けた私の乳首は、みるみるふくらんでとがってきました。若いころから、感じると男の人のオチ○チンみたいにすごく勃起してしまうんです。

「すごい！　ふくらんでる……」

乳首が硬くなる様子が興味深いのか、数馬は舌先をとがらせてつんつんとつついたり、舌を巻きつけるように絡めてきたり、やりたい放題です。

ずっと我慢して押さえつけていた欲望のタガが、はずれかかっているようでした。

「んっ……あっ……！」

私の口からも、湿った声が洩れてしまいます。

このままじゃ、乳首だけでイカされちゃいそう……そう思った私は、数馬のオチ○チンに手を伸ばしました。

「あうっ！」

数馬が切ない声を出して、私の乳首からようやく唇を離しました。

数馬のオチ○チンは、さっき以上に興奮して硬くふくらんでいます。

「初めてのおっぱいで、興奮しちゃったの……？」

数馬は、荒い息づかいのまま、うなずきました。

「……今度は、お母さんがお返しに、してあげる……」

私は布団の中に潜り込んで、数馬の下半身のところに顔を持っていきました。

そして、目の前で短パンの前を突き破らんばかりになっている数馬のオチ○チンを剝き出しの状態にしたんです。

「うっ……ん」

布団越しに数馬のうめき声が聞こえます。短パンで先端がこすれただけで、相当な刺激になってしまうようでした。

かわいい……健気《けなげ》に快感と緊張に耐えている数馬の様子を見ていると、文字どおり母性本能をくすぐられました。オチ○チンの先端からは、すでに何かがにじみ出していました。ポツンと、透明な水滴がうるんで、揺れているんです。

私はそれをすくい上げるように、舌先を伸ばして下から舐めとりました。

「あふっ……！」

数馬が耐え切れずに、大きな声をあげました。

「もっと大きな声を出してもいいのよ。この家には、数馬と私の二人しかいないんだから……」

私はそう言ってから大きく口を拡げて、オチ○チンの先端をすっぽり覆ってしまいました。そして口の中にある亀頭を飴玉のようにコロコロと転がしたんです。

「う、ああ、んんっ……すごく……気持ちいい……！」

数馬は、本当に大きな声を出してくれました。

そして、体をのけぞらせるように大きくしならせた瞬間、私の口の中に衝撃が走りました。数馬のオチ○チンがびくびくと痙攣して、暴発してしまったんです。

「ごっ……ごめんなさい、お母さん……！」

数馬は本心からすまなそうに、そう言いました。

その様子もまた、いとおしかったんです。私は口の中のものをこぼさないように、数馬のオチ○チンから慎重に口を離しました。

そして数馬の目を見つめながら、それを全部、飲み干したんです。

「お母さん……」

数馬は目を丸くして私を見ていました。

実の息子の精液を飲むことに何の抵抗もありませんでした。むしろ離れて暮らしていた数馬のことをよく理解できたみたいな気がして、うれしかったんです。

数馬は、自分の精液を飲み干す私をじっと見つめながら、つぶやきました。

「俺も、お母さんの……舐めてみたい……」

私は無言のまま、裸になって脚を拡げました。数馬が、その間に顔を埋《うず》めるように近づけています。部屋を明るくはしていませんが、羞恥心《しゅうちしん》で体がはち切れそうです。

「これが、おま○こ……」

自分の息子の口からその言葉を聞くのは、想像以上に恥ずかしいことでした。

恥ずかしくて目を閉じた私の耳に、数馬のため息交じりの声が聞こえます。

やっぱりだめ……恥ずかしい……そう思い脚を閉じようとした瞬間、クリトリスに刺激が走りました。数馬の舌先がふれてきたんです。閉じようとした私の脚は、自然に開いてしまいました。

「あっ……いいっ……あっ……！」

私の口から淫らな声が洩れます。実の息子に感じさせられてこんないやらしい声を出してしまうなんて、いったいなんて母親でしょう。でも、止まらないんです。

童貞の数馬に、女性を悦《よろこ》ばせるためのテクニックなんてあるはずありません。でも必死に舐めるその様子に感じさせられちゃうんです。愛情が感じられて、失神しそうなほど気持ちよくなってしまうんです。

愛液が奥からあふれ出てくるのが、自分でもわかりました。ぴちゃぴちゃと音を立てる数馬の舌先の動きも、どんどん激しくなっていきます。まるで顔全体を使って私の性器を責めてくるようでした。快感の曲線が、急上昇していきます。

「だめ……イッちゃいそう……！」

私がそう言うと、数馬はうれしそうに笑いながら、ベトベトになった顔を上げました。自分が女性を気持ちよくさせたことが、よほどうれしかったんでしょう。

「お母さん……」

私は自分の愛液で濡れた数馬の唇にキスをしました。すぐに舌が絡み合って離れられなくなりました。数馬のたくましい腕が、私の体に巻きついてきます。

数馬の股間が、私の体に当たりました。ついさっきあんなにたくさん出したばかりだというのに、その部分はすっかり回復していたんです。

「すごい……」

私は思わず手を伸ばして、亀頭を撫でさすりました。

「あうっ……出したばかりだから、感じすぎちゃうよ。お母さん……」

数馬がもじもじと体をくねらせました。その様子がかわいらしくて、私はふたたびディープキスをしました。そして、キスしたまま数馬の体にのしかかるような体勢になって、あおむけになった数馬に跨《また》るような格好になったんです。

自分で腰を浮かせて下半身を見てみると、数馬のオチ○チンは天を衝《つ》くように上に向かって伸びていました。カチカチに硬くなった準備万端の状態でした。

「お母さん……本当にいいの？　……あっ……！」

私は数馬の言葉を待たずして、腰を下ろしながら自らオチ○チンを握って根元までおま○こで呑み込んだんです。思い切って一線を超えないと、お互いに及び腰の状態では、最後までできないと思ったからです。

「熱い……」

私の口からため声が洩れました。本当に、焼けつくように熱かったんです。

自分の肉体や愛撫に興奮してこんなになってくれているのかと思うと、感動が止まりませんでした。そしてその感動が、そのまま快感になっていたのです。

数馬の上で腰を動かしていくと、結合した部分から下半身全体へ、そして全身へと快感の波が拡がっていくようでした。体じゅうが気持ちよかったんです。

まともな倫理観では許されないことかも知れませんが、この気持ちよさに抗《あらが》える人はどこにもいないだろうとさえ思いました。

ぴったりと、オチ○チンの表面が私のおま○この内側に合わさっているのを感じました。きっと血を分けた親子だからこそ、こんなにぴったりと合うのでしょう。

「お母さん、お母さん……気持ちよすぎるよ……！」

数馬の喘ぎ声がどんどん大きくなっていきます。私も、自分ではわかりませんでしたが、相当大きな声を出していただろうと思います。数馬と一つになったあとは記憶が切れぎれになっているくらい、気持ちよさに我を忘れてしまったんです。

腰の動きが速まるのが止められません。数馬も、不器用ながらも私の動きに合わせて下から腰を動かして突き上げてくれるんです。快感が何倍にもなりました。

「お母さん、俺、もう……！」

数馬の体が私の体の下でビクビクと大きく跳ね返りました。

そして私は、体の奥で放たれた数馬の精液と、そこに込められた数馬の想いを、たっぷりと、余すところなく、受け止め切ったんです。

その日以来、私と数馬の背徳の肉体関係は続いています。もう二度と、この快楽から逃れられそうにありません。

父の再婚相手はバツイチ変態美魔女！禁断の二重プレイ性活に嵌った私は……

森田敏夫　自営業・四十五歳

三十五歳のときに勤めていた会社が倒産し、実家が営《いとな》む小さな書店を継ぐことにして、東京から新幹線で二時間ほどの故郷へ帰りました。その書店は、還暦の父と、母亡きあとの父の再婚相手である由香里《ゆかり》さんが、地元の子どもやお年寄りを相手に細々と続けているものでした。

由香里さんはバツイチの四十六歳で、もともとはパートとして働いてくれていた女性です。

一緒に暮らしはじめてすぐにわかったのは、父と由香里さんが非常にアツアツで、現役の男女として生々しく愛し合っているという事実でした。

だいたい三日おきくらいに、夜になると隣室の壁越しに、由香里さんの押し殺したようなあえぎ声が聞こえてくるのです。

翌日の由香里さんは艶々《つやつや》していて、義息である私をもドキリとさせました。

義母、義息といっても、共に暮らしはじめるまでは顔を知っている程度の関係でしかなかった私にとって、由香里さんは父の愛人のようなイメージでした。

背が低く、肉感的な体で、美人でこそないものの男好きのする印象……。甘えじょうずで、ボディタッチなども多く、カタブツだった父が還暦になってまで肉に溺れる理由もわかる気がしました。

しかし私との関係は、あくまで義理の母子です。たっぷりとした胸元や豊満なヒップをつい目で追ってしまうことがあっても、手を出してやろうなんてつもりはまったくありませんでした。

その関係が変化したのは、ある日、由香里さんの服装がガラリと変わったのがきっかけでした。

少し屈むだけで下着が見えそうになるタイトなデニムのミニスカートに、ボディラインのくっきり浮き出るピチピチのVネックカットソーといういで立ちで、顔を真っ赤にしながら台所仕事をしている由香里さんは、ほとんど冗談に思えるほど卑猥な姿でした。

居間では父が知らん顔で新聞を読んでおり、私の視線に気がついた由香里さんが、

と太ももをよじり合わせながらモジモジしていても、じっと新聞に目を落としたま
ま、決してこちらを見ようとしません。
「あ、あの……」
それは異様な空気でした。
何も言えずにいる私の前で、由香里さんはしきりにスカートの裾を引っ張ったり、
腕で胸元を隠そうとしていました。かといってその場を動こうとはしないので、冷蔵
庫の牛乳を飲みにきた私のほうが気後《きおく》れし、何もせずに台所を出るはめになってしま
いました。
これは父が由香里さんに科した羞恥プレイだったと、少しあとになって判明するの
ですが、それを知った私は、驚きと同時に強い好奇心を禁じえませんでした。
由香里さんが言うには、これは父の性癖によるものではなく、「あの人……私が悦
ぶから、いろいろがんばってくれてるの」とのことで、夜な夜な寝室で繰り広げられ
ている痴態も、すでにモノの立たない父が、由香里さんを縛ったり、大人のオモチャ
で責め立てたりして、そういう行為を望む由香里さんを満足させているのだというの
です。

由香里さんにこの話を聞いたのは、父が持病の診察のために隣町の病院へ行っている折でした。家には私たち二人しかおらず、父が出かけてすぐのころから何となく落ち着かない気分だったのを覚えています。

というのも由香里さんは、その日も朝から卑猥な服装で家の中をうろつき回っていたのです。

いくら義理の母といっても、下着をチラチラ見せられたりすれば、独身で恋人もいない私にとっては悩ましいものがあります。

同居当初の緊張感も薄くなっていて、いい加減ムラムラするようになっていた私は、何か一言くらい言ってやろうかと思いはじめていました。

それで廊下ですれ違うとき、「そんなかっこしてたら欲求不満だと思われるよ」と、軽く由香里さんのヒップをたたいてしまったのです。

あくまで大人の冗談のつもりでした。

ところがその瞬間、由香里さんが「あん」と甘ったるい声をあげたと思うと、その場にしゃがみ込み、じっと私を見上げてきたのです。

ミニスカートだったため、黒いパンティの三角地帯が丸見えになっていて、私としては誘惑されているとしか思えませんでした。

「だからさ、ちょっと挑発的すぎるんじゃないかと思うんだけど……そう思わない？」

悪いのはあくまで由香里さんという体《てい》で、スカートの中にチラチラ目を向けながら問いただしました。しかし由香里さんは何も言わず、うるんだ瞳で私の顔を見つめてきたまま、さらに誘うように脚を開いたのです。

私の理性がグラリと揺れたのはそのときでした。

「たしかに俺は義理の息子かもしれないよ。でもそんなふうに下着見せたまま黙ってられたら、誘われてるのかなと思っちゃうじゃん」

そう言いわけしつつ、私は自分も彼女の前にしゃがみ込むと、パンティの上から由香里さんの秘所をさすり上げていました。

気がつくと手が伸びてしまっていたのです。

「なぁ、どういうことなのか説明してよ」

さらに言葉で詰め寄りながら指を上下に動かすと、由香里さんが「ああっ」と唇を開きました。そして「わ、私……」と口ごもったあと、「変態なの……」と言って、骨盤をいやらしく傾けだしたのです。

布地越しにも由香里さんのそこが熱くぬかるんでいるのがわかり、興奮した私は、さらに強く指を押し当てながら「え……変態？　由香里さんが？　それってどういうこと？」と畳みかけました。

そのまま数分ほどはネチネチと問答をしていたと思います。

そうして初めて、由香里さんがマゾであること、父はそんな由香里さんを満たすために日々奮闘しているのだということを、切れぎれながらはっきりと聞き出したのです。

寝室での行為は彼ら二人だけのものですが、いつもの羞恥プレイでは、私に視姦されて興奮してしまったことを逐一《ちくいち》父に報告し、それをネタにした折檻《せっかん》を楽しんでいるとのことでした。

「おいおい、勝手に俺を巻き込むなよな」

急に口調がきつくなってしまったのは、自分の中に湧いてきた新たな劣情をごまかしたかったからでした。「変態」「マゾ」という特殊な言葉を聞いて、ＡＶなどで観たことがあるそういう女性の痴態を思い出し、いろいろなことを試してみたくなっていたのです。

「なあ、由香里さん……今日のことは二人だけの秘密にしておこうよ。知ってると思うけど、親父はかなり繊細な性格なんだ。まさか、女房が息子におま○こいじられて感じてたなんて知ったら、いくらなんでもショックだと思うぜ。下着をチラチラ見られるなんてのとは、ちょっと次元が違うだろ？」

由香里さんの二の腕をつかみ、声のトーンを落として聞くと、由香里さんは息を乱しながら「言わない……」と答えました。

「ホントかな……あやしいな……」

父に知られたくないというのは私の本音《ほんね》でした。

「由香里さんはマゾだから、わざと親父に話してきつい折檻してもらう気なんじゃない？」

言いながら立ち上がった私は、由香里さんの目の前で、硬く勃起したモノを取り出しました。

さすがにやりすぎだという気持ちもありましたが、もう止まれませんでした。

「そんなもん、下手すりゃ家庭崩壊だよ。なぁ、その代わり……」

そう続けて由香里さんの頭に手をのせ、「普通のセックスも、嫌いじゃないんだろ？」と、強く自分に引き寄せました。

「ん……んむうぅっ」

由香里さんが唇を開いて、小さなうめき声をあげながら、私のモノを咥え込みました。そしてカリ首にグルリと舌を絡ませ、恨めしそうな目で私を見上げつつ、ゆっくりとスロートを始めました。

「なんだよ、その目つきは……立たない親父はこんなことしてくれないだろ」

由香里さんの頭を激しく揺すって、自分でも腰を動かしました。

普段の私は、決してこんな乱暴をする男ではありません。しかしはっきりしない態度をとりつづける由香里さんを前にしていると、どんどん気持ちが荒ぶってくるのです。

あとから思えば、親父もこんなふうにして由香里さんのペースに巻き込まれていったのかもしれません。きっかけを作ったのは由香里さんのほうなのに、気がつくと、こっちの主導で事態が進行しているのです。

「返事がないってことは、これじゃ足りないってことだな？」

腰を引き、モノを抜き出した私は、言いざまに由香里さんのカットソーをまくり上げました。ノーブラの大きな乳房がぶるんと揺れながら飛び出し、由香里さんが「あっ」と小さく叫びながら廊下に背中をつけました。

「あんたがこうさせてるんだからな」

私は由香里さんの体に覆い被さり、Ｇカップはありそうなその肉塊をわしづかみにしました。そしてピンと突起した濃茶色の乳首に唇をふるいつけて、強く吸いながらネロネロと舐め回しました。

「あっ、あぁ……だ、だめっ」

由香里さんがビクビクと身を震わせながら首を横に振りました。

「何が『だめ』だよ。マゾ女ってことは、こんなのがたまんねぇんだろ？」

すでに脚のつけ根までまくれたミニスカートをさらに引っ張り上げ、パンティの中に手を突っ込みました。

指を伸ばして、淡《あわ》い陰毛を掻き分けて秘所をさぐると、そこはドロドロの沼地になっていました。

「やっぱり欲しがってんじゃねぇか……ほら、どんどん指が入ってく」

指の動きにつれてグチュグチュと激しい水音が鳴り響いて、由香里さんのムチムチとしたボディが波打ちました。

「いいぜ、お望みどおり犯してやるよ。ただし親父にひと言でも話したら、今後は口もきいてやらないからな」

そう宣告したあと、由香里さんのパンティを横にずらして亀頭をあてがい、生のモノを一気に押し込んでいきました。

「アアッ……ひ、ひいぃっ」

「『ひぃ』じゃねぇよ！」

私は夢中で腰を動かしていました。

スライムのような乳房が揺れ弾み、木製の廊下がギシギシと音を立てていました。

つながったまま、由香里さんの体を横にひねって、横臥《おうが》位の体勢で、なおも膣奥をこね回しました。そしてわざと露悪的に、

「どうだい、マゾのお義母《かあ》さん、息子の生チ○ポで犯される感想は？」

と意地悪な質問をぶつけました。

由香里さんは何度か絶頂したような反応を見せながら、それでも「だめ……だめよ……」とうわごとのように言いつづけていました。

どうあっても受け身、被害者の立場でいたいようです。

「まだしらばっくれんのかよ」

私は由香里さんの体をさらにねじって、今度はバックの体勢で突きながら、大きなヒップに平手打ちを見舞っていきました。

「あああっ、あああぁぁあっ」

「引っぱたかれてうれしいのか？　ほら、ほら！　この変態淫乱女！」

パァンッ、パァンッと鋭い音が響くなか、由香里さんは一打ごとに背筋を反らせて、

髪を振り乱しながら尻を高く突き上げてきました。

「もっとしてほしいんだろ？」

「い、いやぁっ」

「ウソつくんじゃねぇよ！」

「あぁっ……だ、ダメ……ああっ、い、イクッ……またイクうっ」

本当はもっと明確な言質《げんち》をとりたいところでしたが、気がつけば私のほうがギリギリまで追い詰められていました。

まさか中で出すわけにはいかず、少し迷ったあとでこう叫びました。

「ドマゾのケツにぶっかけてやるからな！　約束は守れよ！」

念を押すのと同時に我慢の限界に達した私は、宣言どおり、由香里さんの大きなヒップに大量のザーメンをぶちまけたのです。


この日から私と父がそれぞれに由香里さんを責め立てる、二重プレイ生活が始まりました。モノが役に立たない父は、その代替行為として様々な手管で由香里さんをよろこばせ、それでも満たされないセックスの快楽を、私が担当するというかたちに結果としてはなっていました。

いまにして思えば、父と息子二人して由香里さんに奉仕しているようなものでしたが、当時はずいぶんとサディスティックな気分にひたったものです。

原則として、私が由香里さんに手を出せるタイミングは限られていて、たとえば父が店番をしているときなどにフェラチオをさせたり、服を脱がさないままセックスをしたりしていました。

私がそういうことをしたくなるのは、たいていの場合、前の夜に隣室から聞こえてくる悩ましい声に悶々《もんもん》としたあとでした。

「昨夜はお盛《さか》んだったじゃないか。どんなことをされたんだ?」

背後から乳房のふくらみをもみしだきながら尋ねると、由香里さんは「そんな……恥ずかしいこと聞かないで……」と、首筋を赤く染めつつ、挑発的に腰を動かして、勃起のふくらみにヒップを押しつけてきます。

「恥ずかしいのが好きなくせに何言ってんだ。これからは親父に何をされたか、逐一俺に報告するんだぞ。そうじゃないと由香里さんの一番好きなものあげないからな」

「ああ、い、意地悪……」

「ほら、言ってみな。夕べはどんな変態プレイをして楽しんだんだ?」

「し、縛られて……目隠しをされて……バイブレーターでずっと……」

「へえ、マゾ女はそういうのが気持ちいいんだ？」

スカートの中に手を入れて秘所をいじくりながら小声で聞くと、由香里さんは黙って何度もうなずきながら、ガクンと腰を落としそうになりました。

「無理やりやられてる感じがいいのか？」

「う……うん……」

「ド淫乱の変態め！」

父が店番をしている間にこういう会話をしながら、立ったままバックで犯すのです。

そのため私は、いつでも複数のコンドームをポケットの中に入れて生活するようになりました。

父にバラされていないかどうかについては常に気をつけていましたが、私の感触では大丈夫そうだと判断できました。

由香里さんが秘密を守っているということは、彼女自身もこの二重プレイ生活のスリルを楽しんでいるということです。実際、私と頻繁にセックスするようになってから、彼女の肌艶は目に見えてよくなっていました。

父が風呂に入っているときもチャンスでした。

父はかなりの長湯なので、そんなときは私の部屋へ由香里さんを引き込み、全身を手や舌で奉仕させたりしました。

義理の母が私の足の指を舐めしゃぶり、フェラチオはもちろん、睾丸を口にふくんで吸ったり、尻の穴の中にまで舌を差し入れてきたりする姿を見ていると、ますますサディスティックな気分になりました。

「なあ、そろそろ犯してほしいんだろう?」

私がそう聞いても、由香里さんは首を縦には振りません。よくAVなどでマゾ女性が「ご主人様、どうか私のオマ○コに……」などと自ら懇願するシーンがありますが、由香里さんは決してそんなことは言わず、あくまで強引に犯されたがるのです。

それは彼女の激しい濡れ具合や、クリトリスの突起、そしてあからさまに欲情した目つきでわかりました。

ひとしきり奉仕させたあと、私は由香里さんを布団に組み敷いて、念のために服を完全には脱がさないで挿入しました。

大きなあえぎ声を出させないように口の中へパンティを突っ込んで、グチュグチュと音を立てながら、速いピッチで腰を動かしました。

「むむぅっ……くうぅ……おおぉんっ」

はだけたブラウスから豊乳をハミ出させ、悶絶している由香里さんはゾクゾクするほど淫らでした。

実際、ひとつ屋根の下で二人の男に調教されているのです。しかもその二人は父と息子なのですから、彼女の味わっている背徳感は想像を絶するものがあります。ましてや、こうして私に抱かれたあとで、まだ余韻《よいん》に火照《ほて》った体のままで、何食わぬ顔をして父と会話したり、家事をしたりするのですから……。


由香里さんを初めて縛ったのは、父が前述の事情から病院へ行っているときでした。複数の検査を受ける父が帰宅するまでには数時間あり、私は前々から考えていたことを実行に移しました。

由香里さんに命じて、夫婦の寝室から縄を持ってこさせたのです。

何度も縛られているだけに由香里さんはその道に詳しく、「痕が残るとバレちゃうから」と、手首を縛る場合はタオルをあてがうことや、他の部分についても締めつけの強さを細かく指定してきました。

「へえ、さすがは本物だねぇ」

感心しながら、私自身も初めて行う緊縛に、最初はかなりてこずりました。

おそらくは父も、もともとは縛り方なんて知らなかったはずです。親子そろって調教されているのはこっちかもしれないなと思いつつ、あらためて由香里さんという女の凄みを感じさせられた気がしました。

まずは目の前で素っ裸にさせたあと、由香里さんを後ろ手に拘束し、縄の間から乳房をくびり出させて、不自由な体勢でフェラチオをさせました。

まだ開店中の時間でしたが、入り口のシャッターを半分下ろして、店舗とは壁一枚隔てただけの居間でこんなことをするのは、非常にスリリングでした。万が一ご近所さんに知られるようなことがあれば、家庭崩壊どころか、この土地に住んでいることすらできなくなるのです。

ブチュッ、ブチュッと音を立てて義息のモノをしゃぶる由香里さんを見おろしながら、私は鳥肌すら立てていました。

「よし……あまりデカい声を出すなよ」

そう言いつけておいて、由香里さんをカーペットの上へあおむけに寝かせ、両足首をつかんで犯し貫きました。

「んっ……あはあっ……は、入ってる！」

「声を出すなって言ってんだよ」

私は自分が脱いだブリーフを由香里さんの口に押し込み、ピストンのピッチを速めながら、携帯電話で結合部分や由香里さんの歪んだ顔を動画で撮影しました。

それまで撮影はしたことがありませんでしたが、縛ってある以上、由香里さんにはどうすることもできません。

「変態マゾが近親相姦して感じてる証拠を残しておくよ。ほらほら、またイクのか？」

由香里さんは必死で顔をそむけようとしました。しかし私のモノが子宮口を強くたたくと、たちまち目に陶酔の色を浮かべました。

そして小鼻をパンパンにふくらませ、フウフウと荒く息をしながら、「むうっ……ぐむむうぅっ」とうめいて、腹筋を小刻みにわななかせました。

「やっぱり、縛ったほうが感度がよくなるんだな」

そう言って由香里さんをうつ伏せにし、今度は寝バックの体勢でズルンズルンとモノを抜き差ししました。

「ケツの穴も撮っておいてやるよ」

手で尻肉を左右に拡げて、容赦なく肛門にカメラのレンズを向けました。

「ひぐぅぅぅっ！」

「そんなに恥ずかしいのか？　それともこっちも犯されたいのか？」

尻を引っぱたき、肛門に指を押し当てつつ激しいピストンを送り込みました。由香里さんの肉厚な背中が波を打ち、縛られた両手首に筋が浮かび上がりました。

こんなふうに書くと、私が本当に残酷なことをしていると思われるかもしれません。が、由香里さんは確かに悦んでいました。

あおむけに戻すと、もう何もしていなくても太ももが痙攣していて、再び挿入したときには、いわゆるイキ潮まで吹き、凄まじい絶頂を味わっていたのです。

「ああ、よく締まる……親父にこの気持ちよさを味わわせてやれないのが残念だぜ」

由香里さんの口に詰めたブリーフを取り出し、前屈みになって唇を奪いました。

思えば、私たちがキスをしたのはこのときが初めてです。

舌を入れると由香里さんはひと際大きな反応を示し、両脚で私の腰をかい込んできました。

私自身、ひと味違った背徳感を覚えた一瞬でした。舌と舌を絡ませながらセックスを続けていると、否が応でも一体感が高まってくるのです。

義母と義息が、昼日中から、人目を盗んでSMセックスをして、共に快感に酔い痴れている……自分でも何をしているんだろうと思いつつ、豊乳をもみ絞り、乳首を転がし、夢中で唾液を交換していました。

「イイッ……ああっ、気持ちいいのぉっ!」

叫ぶその口をまた唇でふさぎ、胸と胸を合わせて抜き差しを続けました。

もういつ射精してもおかしくないほど高まっていましたが、少しでも長く責め立てたい一心で耐えていました。

もしかすると、こうしたすべてが由香里さんのコントロールしたことであって、父と私はいつだって彼女の掌《てのひら》の上で踊らされていただけなのかもしれませんが……。

「今日は口に出すからな……残さずゴックンしろよ」

息を切らしながら尋ねると、由香里さんはウンウンと首を前後に振って、膣をキュウッと締めつけてきました。

「あぁ、イクぞ……うっ、出る……出る……出る出る出るぞ！」

次の瞬間、私は素早く腰を引いてコンドームをはずし、ビュクビュクと脈動するモノを由香里さんの口内に押し込みました。

「くぐっ……ぐむうっ……んんっ！」

由香里さんがうなりながら頬をすぼめて、口から溢れ出そうになるザーメンを、強く啜り上げるようにして飲み込みました。

ジュルッ……ジュルルッ……。

そのあまりにも淫らな表情を見るにつけ、やっぱりこの人は魔性《ましょう》の女なんだなと思わないではいられませんでした。

まるで綱渡りのようなこの生活は、大きな破綻《はたん》のないままに、丸二年ほども続きました。終わりを迎えたのは、父がとうとう病に倒れ、短い入院生活の果てに亡くなったときでした。

もし父が死んだら由香里さんと二人で暮らすことになるのかと、内心おだやかでない気持ちでいたのですが、由香里さんは、父が死ぬとすぐに「おいとまさせてください」と頭を下げて、あっさり家を出ていきました。

父が私と由香里さんの関係を知っていたのかどうかは、正直言ってわかりません。しかし、少なくとも由香里さんと父の間には、それなりに深い愛情が通っていたのではないかと思います。

だいたい十年ほど前の話で、その後は私一人で実家の書店を営んでいます。

甥っ子にオナニーを目撃された四十路女
濡れた熟穴で極硬ペニスを呑み込み！

戸田明代　デザイナー・四十五歳

私は十五年前に離婚をし、それからは独身を貫いてきました。

現在はマンションに一人住まいで、仕事も自宅で行うことができます。収入も安定して趣味に使う時間もたっぷりあるので、生活にまったく不自由はありません。

とはいえ、長いこと一人暮らしを続けていると、寂しさを感じることもあります。

私は結婚生活で子どもが出来なかったので、家族と暮らす生活にあこがれがありました。

そんな寂しさを解消してくれる唯一の存在が、甥っ子の健斗《けんと》くんです。

彼は十七歳の高校二年生です。姉夫婦の家が近所にあるため、学校帰りにしょっちゅう私の家に寄ってくれるのです。

いまではすっかり慣れたもので、家に上がるときも「ただいま！」と言い、まるで自宅のようにくつろいでいます。

まず部屋に入ってくるなり荷物をソファに放り投げ、勝手に冷蔵庫をあけて食べ物をあさりはじめます。そして私が仕事をしていようとおかまいなしに、ゲームで遊んでいるのです。

「明代《あきよ》さん、コーラ買っといてよ。あとアイスも」

「はいはい」

健斗くんのそんなわがままも、私にはかわいくて仕方ありませんでした。

小さいころから面倒を見てきたので、彼のことは甥っ子とは思えなくなっていました。健斗くんが家に来てくれるだけで、まるで学校から息子が帰ってきたような気分になってしまうのです。

健斗くんもまっすぐ自宅に帰るよりも、私の家にいるほうが気楽でいいらしいのです。勉強しろと口うるさい姉とはなるべく顔を合わせたくないらしく、ゴロゴロと夜まで居座ることさえあります。

おかげで私まで何度となく姉に「あまり甘やかさないで」と注意を受ける始末です。

もっともその注意を聞き入れることもなく、ずっと彼を甘やかしてばかりでした。

ところが私は健斗くんが大きくなるにつれ、複雑な思いも抱くようになっていました。みるみるうちに私の背を追い越し、かわいらしかったルックスも男っぽく変化してきたからです。

甥っ子の成長を見るのはうれしかったものの、同時に彼のことを男性として意識するようになってしまったのです。

私は離婚して一度も男の人とのおつきあいがありません。つまりセックスも十五年間、一度もなかったのです。

そんな私が、よりによって身近にいる甥っ子にムラムラしてしまうなんて……自分でもおかしくなってしまったのかと思いました。

それに加えて健斗くんは昔と変わらず、気軽にベタベタと接してくるのです。すぐ近くから彼のにおいを吸い込んでしまうと、ついうっとりとしてしまうこともあります。

このままでは自制心が効かなくなってしまうかもしれないと、そんな心配までするようになったある日のことでした。

夏の暑い午後、健斗くんはいつものように私の家に立ち寄ってくれました。すでに汗びっしょりで、疲れ切った顔をしています。

「ちょっとシャワー浴びていい？　今日は暑くて下着まで濡れちゃってるんだよ」

そう健斗くんが言うのを聞いて、ある考えがふと浮かびました。

バスルームへ直行する彼に、私はこう声をかけたのです。

「……じゃあ、洗濯しておいてあげるから、脱いだものは籠に入れて脱衣所の外に出しておいて」

すると健斗くんはまったく疑いもせず、言われたとおりに脱いだばかりの衣服を籠に入れて出してくれたのです。

その中には脱ぎたての汗で濡れた下着も含まれていました。若い子が好みそうなボクサータイプのブリーフでしたが、それを手にとった瞬間に私はかぎ入ってしまいました。

「ああ……」

ツンとくる甘酸っぱいにおいに、頭がクラクラしそうになりました。

すぐさま私はリビングに場所を移し、改めて下着に顔を埋めました。

今度は裏返して股間にあたる部分に鼻を押し当てると、ますます男のにおいが強くなります。

抑え込んでいた性欲が、ここで一気に爆発してしまいました。私はその場で下着を脱ぎ、股間に指を這わせはじめたのです。

もちろんオナニーなんて健斗くんが家にいるときにしたことはありません。せめて帰るまで待てばよかったのですが、それさえ我慢できなくなっていました。

片手であそこを弄りながら、もう片手で彼の下着を顔に押しつけ、何度も深く息を吸い込みます。

「ああ、あっ……ああんっ」

オナニーに夢中になっているうちに、自然と喘ぎ声が出てしまいました。

頭の中で思い浮かべていたのは、健斗くんに抱かれている自分です。成長した彼の性欲を受け止めてあげることができたなら、どんなに私も満たされることか……ありえないことだと思いつつ、そんな自分を想像してしまうのです。

そのときでした。

ふとリビングの入口に目を向けると、そこに健斗くんが立っていたのです。

「えっ、どうして……」

私は思わずそう声に出し、そのまま固まってしまいました。

バスルームにいたはずなのに、どうしてリビングにいるのか。それがわからないまま、パニックになってしまったのです。

「ごめん。覗くつもりはなかったんだけど……」

気まずそうな健斗くんの声に、私は我に返りました。そして慌てて裸の股間を手で隠し、その場にうずくまってしまいました。

あのとき私は、どれだけ恥ずかしい思いをしたことか。オナニーしている姿を甥っ子に見られてしまうなんて、生きた心地さえしませんでした。

しかも手に持っているものが、さっき脱いだばかりの彼の下着なのです。

顔を埋めてにおいをかいでいる姿まで、まちがいなく見られていたはずです。もうどうしようもないほど、みっともなくて情けなくて……ただただ、健斗くんの前から逃げ出したいと思っていました。

「ごめんなさい。私……こんなことしてしまって」

ようやくそう声に出すと、近づいてきた健斗くんが私に寄り添い、優しく慰《なぐさ》めてくれました。

「謝らなくてもいいよ。おれ、明代さんが一人で寂しいこと知ってたから……何も気にしてないし、絶対に誰にも言わないから」

きっと健斗くんなりに気をつかってくれたのでしょう。その言葉に私はホッとし、気持ちが少しだけ落ち着きました。

どうやら健斗くんがバスルームから出てきたのは、私にバスタオルをとってきてもらうためだったようです。そのため彼も裸のまま、私と同じように下半身まで剝き出しでした。

そのとき目に入ってきたのが、股間で大きく膨らんでいたペニスでした。

「あっ、やべっ⁉」

健斗くんも慌てていたので、きっと隠すのを忘れていたのでしょう。私がまじまじと勃起したペニスを見ているのに気づくと、サッと手で隠していました。

私は健斗くんの恥ずかしがる姿を見て、ムラムラとした感情にさらに火がついてしまいました。

「健斗くん……」

思わず私は健斗くんに抱きついてしまいました。ほとんど衝動的に体が動いてしまい、ギュッと彼の背中に腕を回していたのです。

健斗くんはとまどっていましたが、私の手を引き離そうとはしません。それどころか私に抱きつかれても、おとなしく座ったままなのです。

もしかしてこの子も、こうなることを期待していたのでは……健斗くんの態度を見て、そう私は気づきました。

私がオナニーしている姿を眺めながら、彼が興奮していたのはまちがいありません。

でなければ、ペニスを勃起させたりしないはずです。

それならば、叔母である私から迫られても、素直に受け入れてくれるのではないかと思ったのです。

まだ身動きをしない健斗くんを、とうとう私は床に押し倒してしまいました。

「そのまま……動かないで」

私の声も震えていたかもしれません。

おとなしく横たわっている健斗くんに、上から顔を近づけた私は、強引に唇を奪ってしまいました。

「ンンッ……」

久しぶりに味わうキスは、私を一瞬でとろけさせました。唇を重ね合わせるだけでなく、いきおいに任せて舌までねじ込んでしまったのです。

私のディープキスを健斗くんは受け入れながら、何度も鼻息を吐き出していました。

たっぷりと時間をかけてから唇を離すと、うつろな目で私を見上げています。

「もう一回、キスしてもいい？」

「……うん」

健斗くんの恥ずかしそうな、それでいて期待に満ちた顔を見ていると、それだけでたまらなくなりました。

二度目のキスはねっとりと舌を絡ませながら、彼の手を自分の胸に導きました。服の上から胸をさわらせると、しっかりと健斗くんも反応してくれます。最初はこわごわと手を動かしていましたが、少しずつ大胆にもみしだくようになってきました。

ふと下に目を向けると、ペニスは先ほどよりも鋭い角度でそそり立っています。もうまちがいありません。健斗くんは叔母の私にキスをされながら、大きな興奮を味わっていたのです。

「恥ずかしいけど聞いて。私、ずっと健斗くんとこういうことがしたくてたまらなかったの」

そう言いながら、私は服を脱いでいきました。

私が一枚ずつ服を脱ぎ落とすごとに、健斗くんは目を輝かせて眺めています。裸になってゆく姿を見られるのは、ゾクゾクした気分でした。オナニーを見られたときのショックよりも、興奮が上回る感じです。

下着もすべて脱いでしまうと、改めて私は健斗くんと向き合いました。

四十路のたいして若くもない肉体ですが、離婚してからスタイルはまったく変わっていません。胸もお尻も、キュッと引き締まっています。

ただ肌の張りやみずみずしさは、さすがに若い子にはかないません。健斗くんは学校でピチピチした女の子を見慣れているだけに、どう思われているか心配でした。

「……どうかな。こんなおばさんの体でも平気？」

「うん、すごくきれいな体だよ」

そう言ってくれたのでホッとしました。お世辞だとしてもやはり嬉しいものです。

お互いに裸になってしまったからには、もう後には引けません。私は改めて覚悟を決めると、こう健斗くんに言いました。

「ちゃんと気持ちよくしてあげるから、少しの間だけ私の相手をして。責任なんてとらなくてもいいし、好きなだけ何をしてもいいから」

健斗くんに抱いてもらうために私も必死でした。そのためならば健斗くんの望むことは何でもするし、もちろん彼にも後悔させるつもりはありません。

もっとも健斗くんのほうはというと、早く私を抱きたくてウズウズしているようでした。待ちきれないのか、すでに私の胸をもみはじめています。

「おれもずっと、明代さんとヤリたいと思ってたんだよ。さっき見たときはビックリしたけど、おれでよければいくらでも相手になるから」

健斗くんの言葉に私は驚きました。彼も昔から私のことをそういう目で見ていたなんて、ずっといっしょにいて気づきませんでした。

こうなればもう遠慮はいりません。はやる気持ちを抑えきれなくなった私は、手をつないで彼をベッドに連れていきました。

さっそく健斗くんにはベッドに寝てもらい、私がその上に覆いかぶさります。さっきキスをしたときと同じかたちです。

しかし今度は、唇ではなく胸を顔に押し当てました。

そうすると健斗くんは、喜んで乳首にむしゃぶりついてきました。胸の膨らみに顔を埋める姿は、まるで子どものようです。

「ああ……」

久しぶりに感じる乳首からの甘い刺激でした。吸われただけで声を出してしまうなんて、結婚していたときにはありえませんでした。

私は健斗くんの頭を抱きかかえると、手のひらをペニスにこすりつけました。

今度は彼の腰がピクッと反応しました。手の中では硬くなったペニスが、いまにもはちきれそうなほど脈打っています。

そんな反応を見ただけで、健斗くんにはまだ女性経験がないことを確信しました。

高校生ですから、私以上に性欲を持て余していたはずです。初めて女性にペニスをさわられて、どれだけ興奮しているかが伝わってくるようでした。

となれば、私が健斗くんの初めての相手ということになります。

そう考えると、急に体がカーッと熱くなってきました。甥っ子の童貞を奪えるなんて、こんなにも刺激的なことがあるでしょうか。

「ああ、こんなに硬くなって……だいぶたまってるんでしょう?」

私がペニスをさすってあげると、夢中で乳首を吸っていた彼がうなずきました。

本当ならばすぐにでも楽にしてあげたいところですが、もっと大人の世界を教えてあげようと思いました。

次に私がしたことは、体をずらして健斗くんの頭を下半身に近づけることでした。

上に乗ったまま少しずつ、ゆっくりと頭を跨《また》いで膝をつきます。同時に私もあおむけになった彼のペニスに顔を近づけました。

これで健斗くんのすぐ目の前には、私のあそこがあるはずです。

正直に言うと、もう何年も毛のお手入れなんてしていません。それに若いころのようなきれいな形のあそこではなく、いろいろとはみ出しているものがあるのです。

こんなものを自分から顔に近づけるなんて、恥ずかしいうえに勇気がいることでした。

でも、どうしても見てほしかったのです。オナニーを中断して疼《うず》いたままのあそこを、どうにかして健斗くんにも弄ってほしいと思っていました。

私は健斗くんのペニスを手にとると、今度は唇をすっぽりと覆いかぶせました。

「あっ……！」

きっと突然口に含まれて、健斗くんも驚いたのでしょう。

しかし健斗くんの声はすぐに、気持ちよさそうなため息に変わりました。

口の中にペニスを包み込むと、舌で優しく舐め回します。ややすっぱくて生ぐさいのですが、まったく気にはなりません。

久しぶりなのですっかりやり方を忘れていましたが、口に含んで舌を使っていると、自然と昔の動きを思い出していました。

相手を気持ちよくするために、たっぷりと唾液を出して口全体で吸い上げます。前の夫はこれがお気に入りで、しょっちゅうフェラチオを要求されたものでした。

健斗くんにも同じことを、より愛情を込めてしてあげました。そうするとペニスが元気よく何度も跳ね上がりました。

「ンン……」

しばらくするとくわえている私まで、喘ぎ声を出しはじめました。

ようやく健斗くんが私のあそこを指で開いて弄りはじめたのです。はみ出したものをつまんだり引っ張ったりしながら、穴の中に指を押し込んできました。

「すごい。ヌルヌルして締めつけてくる」

健斗くんは私が、お尻をくねらせるほど感じているのが面白いのでしょう。奥まで指を突き入れながら、クイクイと指先であちこちを刺激してきます。

たまらなくなった私は、必死になって口を動かしつづけていましたが、早く健斗くんのペニスが欲しくてたまりませんでした。

「ああ、もうダメ……そのまま動かないで」

あそこに走るしびれに、とうとう我慢ができなくなってしまいました。腰を浮かせた私は、健斗くんの体の上で股間に跨る姿勢になりました。

このまま腰を落とせば、私たちはつながってしまいます。

ところがすぐにでも一つになろうとしている私とは対照的に、健斗くんはとまどいの顔を浮かべていました。

「明代さん、生でヤッてもいいの？」

そう聞かれましたが、十五年も独身生活を続けていて男っ気もなかった私が、コンドームなんて持っているわけありません。

「大丈夫よ。ちゃんと安全日だって計算してあるから」

本当はまったく計算なんてしていませんでしたが、これも彼を安心させるためです。

いよいよペニスをあそこに押し当てました。私にとってはずっと夢見ていた瞬間だけに、心に余裕なんてありません。

「ああっ……！」

ぬるっと一気に奥まで突き刺さると、私は悲鳴に近い声をあげてしまいました。

男性がここに入ってくるのは、本当に久しぶりのことです。どれだけオナニーで性欲を発散しても、やはり本物の快感にはかないません。

しかも相手は血のつながった甥っ子だけに、背徳感もひとしおでした。

「わかる？　ほら、こんなに奥まで入ってるのよ」

「うん、すごく気持ちいい」

私が腰を落としたまま言うと、健斗くんもそう答えてくれました。

ここで私がお尻を軽く揺すると、彼が「ううっ」と苦しそうに呻きました。

「あっ、ごめんなさい。重かった？」

「違うよ、急に動くから中がこすれて……」

どうやら初めての健斗くんには、わずかな動きでも快感になってしまうようです。

そこで私はすぐに射精させないように、手加減をして腰を動かしはじめました。スピードを抑えて体重もあまりかけずにお尻を上下させます。もっと激しく動いてみたいのですが仕方ありません。

「どう、これぐらいだったら大丈夫？」

「うん。すごく温かくて締まってくるから、もう最高に気持ちいいよ」

満足そうな健斗くんの顔を見ていると、私まで嬉しくなってきます。

このとき私は、幼かったころの彼を思い浮かべていました。無邪気になついてきた健斗くんが、いま私の体の下にいるなんて、自分でも信じられない気分です。

こうして一線を越えてしまったからには、もう後戻りはできないと私は改めて実感しました。

「ねぇ、欲しいの！　もう我慢しなくてもいいから出してちょうだい！」

「えっ!?」

驚いている健斗くんを尻目に、私は本気で腰を動かしはじめました。

グイグイとお尻を深くまで押しつけ、上下するスピードも速くします。あそこの奥まで入ってくるたびに、快感が駆け抜けました。

もっと長いこと健斗くんとはつながっていたかったのですが、体が刺激を求めて耐えきれなかったのです。

「ああっ、いいっ！　すごいっ……あんっ！」

私が夢中になってお尻を振っていると、下になっている健斗くんも耐えられなくなっているようでした。

「あっ、ダメだよ……もう出るっ！」

健斗くんがそう叫ぶと、あそこの中に熱いものを感じました。

ドクドクと精液が溢れてくるのがわかります。ペニスを何度も脈打たせながら、たっぷりの量を出しているようでした。

「ああ……」

大きなため息をついて、ようやく射精も終わったようです。こちらを見上げたまま、満足げに目を細めていました。

「どうだった……気持ちよかった？」

健斗くんが「うん」とうなずくのを見届けると、私は童貞を失った記念にお祝いのキスをしてあげました。

それからは私と健斗くんの間には、あるルールが出来上がりました。

まず親に心配をかけないように、私の家に来たときには遅くならないうちに家に帰ること。

そしてもう一つは、私を抱くときにはちゃんとコンドームを使うことです。

もっとも、その約束は安全日に限り、生でしてもいいことにしています。私も健斗くんも本心では、余計なものを使わずに愛し合いたいのです。

もう私たちは、以前の甥と叔母の関係には戻れなくなってしまいましたが、それでもかまいません。できることならこのままの関係が、少しでも長く続いてほしいと願っています。

受験の失敗で引きこもりになった童貞男 優しい妹の淫らな献身に牡欲が目覚めて

太田実　会社経営者・六十二歳

子どものころの私は、自分で言うのもなんですが勉強もスポーツもできてクラスの人気者的な存在でした。でも、大学受験で失敗し、生まれて初めて大きな挫折を味わったんです。それまでの人生が順調だった分、ショックの大きさはかなりのものでした。

いちおう、翌年の再受験を目指して予備校に通うことにしたのですが、その通学途中で大学生になった同級生と顔を合わせるのがいやで、だんだん家から出なくなり、数カ月後には完全な引きこもりになっていました。

一度引きこもりになると、ますます友だちとの差が広がっていくように感じ、自分が情けなくて恥ずかしくて、よけいに外に出られなくなっていきました。

そして私は、その後十年以上にわたって引きこもり生活を送ることになったのです。

私が三十一歳のときに、父と母が交通事故で亡くなりました。ほんとうなら長男である私が喪主を務めなければいけないのですが、そのときも私は部屋に閉じこもっていて葬式にも出ませんでした。

事故で亡くなるまでは母が食事の用意をしてくれていたのですが、それ以降は二歳違いの妹がしてくれるようになりました。といってもいっしょに食べるわけではなく、ドアの前においておいてもらい、それを部屋の中で一人で食べて、空いた皿をまた廊下に出しておくという感じでした。

当時、妹はすでに結婚していて、その旦那さんといっしょに実家に住んでいました。引きこもりの私のことが心配で、両親だけには任せておけないという考えからだったようです。

私と妹は、子どものころは仲のいい兄妹でした。特に妹は私のことが大好きで、「お兄ちゃん、お兄ちゃん」といつも私のあとをついて回っていたんです。

だからなんとか我慢して私の世話をしてくれていたようなのですが、ある夜、旦那さんが出張で留守のときに、とうとう妹の我慢が限界に達してしまいました。

その夜の献立は酢豚だったのですが、私はピーマンが嫌いなので、ピーマンだけを残していたんです。それを見た妹が、ドアを激しく叩きながら叫びました。

「お兄ちゃん、子どもみたいなことはやめて！　お兄ちゃんはもう三十二歳なのよ！

もういい加減に部屋から出てきてよ！　あけて！　ここをあけなさいよ！」

その勢いはすごくて、ドアが壊れてしまいそうに感じた私は、根負けして鍵をあけてしまいました。

ドアのところに立ち、妹は肩で大きく息をしながら私に向かって言いました。

「お兄ちゃん……いつまでこんなことをしているつもりなの？」

久しぶりに妹の顔を見ました。記憶にあるのは、まだ十代の女子高生のころの妹でしたが、目の前にいるのは、もう三十歳になった大人の女性なんです。

体つきも昔のやせっぽちだった妹とはかなり変わり、全体的に脂肪がつき、胸のふくらみや腰のラインはとても色っぽいんです。

自分が恐ろしく長い時間、この狭い部屋の中に引きこもっていたことを実感しました。だけどそのことで、ますます自分を卑下《ひげ》する思いが大きくなってしまうんです。

「俺なんか、なんの価値もない人間なんだ……外に出たってしょうがないよ」

声を出したのは久しぶりです。だから私の声は弱々しくかすれ、震えてしまうんです。そんな私に、妹は優しく言いました。

「しょうがないことなんてないわ。お兄ちゃんはすごく頭がいいし、性格も優しいし、きっとみんなから好かれるはずよ」

「そんなわけがあるか……いい加減なことを言うな」

妹の言葉はうれしかったのですが、もちろんそれを素直に受け止めることはできませんでした。

「ほんとうよ。私を信じて外に出てみて。お兄ちゃんが外に出られるようになるなら、私はなんでもしてあげる」

「じゃあ、裸になってみせろ。俺はこの歳になっても、まだ女の裸を生で見たこともないいんだ……どうだ？　情けないだろ？」

それは私が抱いていたいちばんのコンプレックスでした。私が部屋に閉じこもっている間に同級生たちは恋愛をし、セックスをし、結婚をし、子どもを作り、人生を謳《おう》歌《か》している。それに引き替え自分は、という思いが私を押しつぶしそうになっていたんです。

妹は少し考え込むように顔を伏せましたが、すぐに顔を上げて私の目をまっすぐに見つめながら言いました。

「私の裸でよければ、いくらでも見せてあげるわ」

「え？　いま、なんて……？」

驚く私の前で、妹はまるでこれからお風呂に入るかのように無造作に服を脱いでいきました。それを私は止めることもできず、ただじっと食い入るように見つめていたんです。

そして妹は、ブラジャーとパンティも脱ぎ捨てて、その場で背筋を伸ばしました。大きな胸のふくらみ、縦長のヘソ、ぽしょぽしょと茂った薄い陰毛、その下にかすかにのぞく女性器の割れ目……。

私は心臓が激しく鼓動を刻み、体じゅうの血液が勢いよく駆け巡るのを感じました。そしてその血は、私の下腹部に集中していくんです。気がつくと、スウェットパンツが大きくテントを張るぐらい、ペニスが勃起していました。

そのふくらんだ私の股間を見て、妹は切なげな声を洩らしました。そして、頬をほんのりと桜色にほてらせるのでした。心なしか乳首も勃起してきたようです。

「どう？　お兄ちゃん、これが女の裸よ。満足した？」

満足なんかできません。それどころか、やわらかそうな女体を見たことで、よけいにコンプレックスを刺激されるんです。

「……でも、俺は童貞なんだ。情けなくて涙が出るよ。友だちはみんなもう結婚して子どもがいたりするのに、俺はまだセックスもしたことがないんだぞ」

「童貞なんか捨てればいいだけじゃない！」

「俺なんかを相手にしてくれる女はいるわけがないじゃないか……」

「じゃあ、私がお兄ちゃんの童貞を奪ってあげる。それでどう?」

私は言葉に詰まりました。実は身近にいる女性は妹だけだったので、彼女が風呂に入ったあと、脱衣籠の中の下着の汚れを見たりにおいをかいだりしてオナニーをしていたんです。

つまり性的な思いを抱いていた相手が、目の前に全裸で立ち、私の童貞を奪ってくれると言っているのです。まるで夢のような話です。でも、相手は血の繋がった実の妹なのです。そんなことが許されるわけはありません。

私が混乱してなにも言えずにいると、じれったくなったのか、妹は私の前に膝立ちになり、スウェットパンツに手を伸ばしてきました。

「初めての相手が私だったら不満なの?」

「そ……そんなことはないけど……」

「じゃあ、いいじゃないの」

そう言うと、妹は私がはいていたスウェットパンツをブリーフごと一気に引っぱりおろしました。

そのとき、すでにビンビンに勃起していたペニスの先端がブリーフに引っかかり、そのままむりやり引っぱりおろされたために、勢いよくペニスが亀頭を跳ね上げ、下腹に当たってパーンという大きな音が部屋の中に響きました。

「はあぁっ……」

妹は目を丸くして、半開きの口からため息を洩らしました。そして、ふと我に返ったように私の顔を見上げて言うんです。

「すごいわ、お兄ちゃん。お兄ちゃんのオチ○チン、すっごく大きい。こんなに大きいのは見たことないわ」

「ほんとか？」

女性に勃起した状態のペニスを見せるのは初めてでしたし、男同士で見せ合って比較したこともなかったので、自分のペニスがどれぐらいのレベルなのかわかっていなかったんです。

それなのに妹は、自分の夫よりも大きいと言ってくれるんです。

会社員としてちゃんと働いている妹の旦那さんにもコンプレックスを抱いていた私は、その言葉で一気にテンションが上がってしまいました。

「和美《かずみ》、フェラはしたことあるか？」

「あたりまえじゃないの。私、人妻だよ。そうね。童貞を捨てるっていっても、ただ入ればいいってわけじゃないのよね。わかった、全部一通り経験させてあげるわ。まずはフェラチオね」

妹は舌を長く伸ばし、私のペニスの根元から先端にかけてぺろりと舐めました。

「ううっ……」

私は思わず声を洩らし、両手をぎゅっと握り締めました。それは初めて体験する種類の気持ちよさでした。自分の手でしごくのとはまったく違うんです。

私は感動して、さらに妹にお願いしてしまいました。

「もっと……もっと舐めてくれ……」

「だんだんその気になってきたわね。いいわよ。いっぱい気持ちよくしてあげる」

妹はさらにぺろりぺろりと幹部分を舐めると、その舌愛撫を徐々にカリ首のあたりに集中させてきました。その部分を舌先でくすぐるように舐められると、ペニスはもう限界まで硬くなり、ピクピクと細かく震えてしまうんです。

「あら、先っぽから我慢汁が出てきたわ」

うっとりとした顔でそう言うと、妹はその我慢汁をズズッとすすりました。するとしびれるような快感がペニスを駆け抜けました。

「ううっ……気持ちいいよ……」

「お兄ちゃんがそんな顔をしてくれるなんてうれしいな……もっともっと気持ちよくしてあげるね」

そう言うと今度は亀頭をパクッと口に咥え、首を前後に動かしはじめるんです。

口の中の粘膜は温かくてヌルヌルしていて、おまけに妹は舌をレロレロと動かしてペニスを舐め回すんです。それは想像を超えた気持ちよさでした。

もっとその快感を味わいたいと思いながらも、私は込み上げてくる射精の予感を抑えることはできませんでした。

「だ、ダメだ、和美。もう……もうやめてくれ！」

そう懇願しましたが、妹はやめません。それどころかジュパジュパと唾液を鳴らしながら、さらに激しくしゃぶりつづけるんです。

「あっ……もう……もう出る……うううう！」

私が低くうめいた瞬間、ペニスがビクンと脈動し、先端から温かい液体が噴き出すのがわかりました。

「うぐぐっ……」

妹はペニスを咥えたまま、ぎゅっと目を閉じました。そんな妹の顔を見おろしながら、私はさらにドピュン、ドピュンと射精を繰り返してしまうのでした。

「……ごめん」

射精が収まり、ようやく理性が蘇《よみがえ》ってきた私は、妹に謝りました。口の中に射精するなんて、絶対に「汚い」と怒られると思ったのです。

せっかく童貞を奪ってあげると言ってくれていたというのに、フェラチオだけで終わってしまった……と私はがっくりと肩を落としました。

急激に縮んでいく私のペニスを口から出すと、妹は私の顔を見上げて「ううう……ううう……」と何か言ってるんです。文句を言われているのかと思いながら妹の顔に視線を向けると、それを待っていたというふうにゴクンと喉を鳴らしました。

「えっ……？　和美、おまえ……」

驚く私に向かって妹は大きく口をあけてみせました。そこにはもう私の精液は少しも残っていませんでした。

「飲んじゃった」

妹はそう言って、少し照れくさそうに微笑みました。

「だ……大丈夫なのか？」

「なんで？　お兄ちゃんの精液だもん、汚くなんかないよ」

妹は私の股間に視線を向けました。大量に射精したばかりのペニスは、芯を抜かれたように頭を垂れていました。

「すぐにまた元気になるでしょ？　その前に、クンニもしてみる？」

「いいのか？」

妹の言葉に私は驚きました。でも、妹はなんでもないことのように言うのです。

「あたりまえでしょ。お兄ちゃんの童貞を奪ってあげるって約束したんだもん。フェラだって、クンニだって、セックスの大切な一部だよ」

「だけどおまえ、どうしてそんなに俺のことを……」

「だって、お兄ちゃんは私の初恋の人だもん。実はね、私はちっちゃいころからお兄ちゃんのことが好きだったの。それはもちろん恋愛対象として好きってことよ。高校生のときには、お兄ちゃんを相手に処女を卒業することを妄想して、一人でオナニーをしてたんだから。もういまさら処女はあげられないけど、代わりにお兄ちゃんの童貞を奪ってあげたいの。いいでしょ？」

「あ……ああ……もちろんだよ。俺も和美のことがずっと好きだったよ。おまえのアソコがどんな形で、どんな色で、どんなにおいがするのか、考えながら何度もオナニーをしたもんだよ」

妹は恥ずかしそうに顔をしかめました。

「いやだ、恥ずかしい。実物はたぶん想像してたものほどいいもんじゃないよ」

「それを俺に確認させてくれよ」

私はもう自分の欲望を抑えることもできずに、妹に襲いかかり、床の上に押し倒してしまいました。そんな私を押しのけるようにして妹が言うんです。

「お兄ちゃん、待って。せっかくだからベッドの上でしようよ」

確かにそうです。せっかくベッドが横にあるのに、なにも硬い床の上でする必要はありません。

私は妹をお姫様だっこで抱え上げようとしました。でも、長年、部屋の中に引きこもっていた私は筋力が衰えていたようで、持ち上げることができないんです。

「お兄ちゃん、いいよ。自分で上がるから」

そう言ってベッドに上がった妹は、両手を体の横においてあおむけに横たわりました。さあ、好きなようにしてくれ、という態度です。

でも私はまた臆病な心が騒ぎはじめてしまいました。なにかとんでもない失敗をしてしまいそうで不安だったんです。そんな私を手助けするように、妹は自ら両膝を抱え、陰部を剝き出しにしてくれました。

「どう？　お兄ちゃん、見える？　これがオマ〇コだよ。ちょっとグロいけど、舐められる？　無理はしなくていいけど」

私は妹の陰部に顔を近づけてじっくりと観察しました。

当時はまだいまのようにネットで無修正動画を見ることなんてできませんでしたから、女性器を見るのは生まれて初めての経験でした。

確かにそれは妹が言うようにグロテスクなのですが、人間が本能的に持っている欲望を強く刺激する形と色なんです。

「す……すごい……すごくきれいだよ」

私は本心からそう言いました。

「いやだ、お兄ちゃん。三十女のアソコがきれいだなんて……だけど、お兄ちゃんがよろこんでくれるならうれしいな。さあ、舐めて気持ちよくして」

私は喉が渇いた獣が泉を見つけたかのように妹の陰部に食らいつき、舐め回し、次々に溢れ出てくる愛液をすすりました。

「あぁぁあん、お兄ちゃん、じょうずよ。あああん、気持ちいい……」

しばらくそうやって舐め回しているうちに、私は少し冷静になりました。

引きこもりでしたが、いちおうエロ本の類《たぐ》いは定期的に仕入れてきて読み込んでいたので、クリトリスが気持ちいいということは知っていました。

割れ目の端でぷっくりとした小さい真珠のようなもの……。

「これがクリトリスだよな？　これを舐めて気持ちよくしてやるからな」

私は包皮を完全に剝き、クリトリスをペロペロと舐めてやりました。

「あっはあああん……お兄ちゃん……そ……それ、気持ちいい！」

気持ちよすぎたのか、妹はもう両膝を抱えていることもできなくなり、私の頭を太腿で挟み込むんです。

その様子を見る限り、ほんとうに感じているようです。自分のクンニで妹がよがり狂っているのがうれしくて、私は激しくクリトリスを舐め回しつづけました。

するといきなり妹の体が電気ショックでも受けたかのようにビクンと跳ね、私は彼女の恥骨に鼻を強く打ちつけてしまいました。

「痛……」

鼻を押さえて体を起こした私の前で、妹はぐったりと手足を伸ばしているんです。

「和美、おまえ……ひょっとして？」

「そうよ。イッちゃった。お兄ちゃん、クンニじょうずだよ。ああ、気持ちよかった」

気怠《けだる》そうにしながらそう言うと、妹はまた両脚を大きく開いてみせました。

「さあ、前戯はもう終わり。今度はお兄ちゃんのその大きなオチ○チンで私を気持ちよくして」

そう言う妹の視線は私の股間に向けられています。その視線をたどるように自分の股間を見ると、それはさっき妹の口の中に射精する直前よりも、さらに硬く大きく勃起しているのでした。

「ほんとうにいいんだな？」

「いいよ。大好きなお兄ちゃんのためだもん……だけど、童貞を卒業したら、引きこもりも卒業するのよ。いいわね。約束だからね」

私は一瞬、返事に困りました。ほんとうにこの部屋から出ていくことができるのか？　社会復帰ができるのか？　不安だったんです。

だけどそんな私の背中を押すように、妹はまた両膝を抱えて陰部を私のほうに突き出し、誘うように膣口をヒクヒクと動かしてみせるんです。

愛液にまみれた膣口の淫らすぎる動きに、私はもう決心しないわけにはいきませんでした。

「わかった。もう引きこもりは卒業だ。だから、おまえのオマ○コに入れさせてくれ」

私はヒクヒクうごめいている膣口に亀頭を押し当てました。だけど、妹の膣は狭くてなかなか入っていかないんです。

「あああん、お兄ちゃん、小刻みに前後に動かしながらだと入ると思うよ」

「こうか？」

私は言われるまま腰を小刻みに動かしました。すると二人の陰部がクプクプと鳴り、少しずつペニスが膣の中に入っていくんです。

と次の瞬間、いきなりぬるりと根元まですべり込みました。

「あっはあああん……」

妹が体をのけぞらせ、同時に膣壁が私のペニスをきつく締めつけるんです。そこは温かくてヌルヌルしていてすごく気持ちいいのでした。

「ううう、気持ちいいよ。オマ〇コってこんなに気持ちいいんだな」

「そうよ。だけど、抜き差ししたらもっと気持ちいいよ。ねえ、動かして」

「こうか？　こんな感じでいいのか？」

ぬるりぬるりと抜いたり入れたりを繰り返してみると、それはさっきのフェラチオよりもさらに気持ちよくて、私はもう腰の動きが止まらなくなってしまいました。

「ああ、すごい！　あああん、すごいよ、お兄ちゃん……あああん！」

「ううう……気持ちいい……ああ、和美……ああ、ダメだ、気持ちよすぎて、もう……もう出ちゃいそうだ！」

これ以上、抜き差ししつづけたら射精してしまうということがわかっていても、気持ちよすぎて腰の動きを止めることができないんです。

「ああ、ダメだ……もう出る！」

「お兄ちゃん、中はダメ！」

妹は人妻なんです。そのことを思い出した私はとっさにペニスを引き抜きました。すると先端から勢いよく精液が噴き出し、妹のヘソのあたりから胸、顔にかけて、大量に降り注ぎました。

その量があまりにも多かったので、私と妹はなんだかおかしくなって二人で大笑いしてしまったのでした。

童貞でなくなったことが自信になったのもあるし、妹の気持ちもうれしくて、私はその翌日、がんばって家を出てハローワークに向かいました。

そしてなんとか就職し、その十年後には独立し、徐々に会社を大きくしていき、いまでは社員が何百人もいる会社の会長の座に納まっています。

あの夜のことは、妹との間で一度も話題にしたことはありません。おそらく今後もないでしょう。

第二章

己の体の奥から甦る淫猥な相姦の欲望

父を亡くし最愛の実母と二人暮らしの私
妄想しつづけた近親性交を実行して……

中村悠一　会社員・三十歳

郊外に住む会社勤務の三十代独身男性です。もともとは都心にマンションを借りていた私ですが、数年前に父ががんで亡くなって母の一人住まいとなり、部屋も余っているし母も淋しいだろうと、ひとり身の身軽さから、マンションを引き払って郊外の実家に戻ったのです。

母との生活は思っていた以上に楽しいものでした。昔から美人で自慢の母でしたが、還暦を迎えてもその容色は衰えることなく、それどころか年齢的な落ち着きも相まって、ますます魅力的に思えるのでした。

母はひと回り年上の父と結婚していたことからもわかるように、甘えん坊タイプで、スキンシップ多めの人でした。幼いころはそれを当然と受け入れていましたが、思春期のころにはずいぶんドギマギさせられることも多かったものです。

正直、中学生のころなどは、母にしなだれかかられて勃起してしまうこともしょっちゅうでした。大学進学をきっかけに家を出たときは、少なからずホッとしたものです。母に劣情を抱くことにも、父への嫉妬《しっと》にも疲れていたのだと思います。

大学時代には彼女もできましたし、風俗に通ったこともありました。でも就職してからは仕事になじむのに精いっぱいで、色事からは遠ざかってしまい、以来恋人ができることもなく、三十代になりました。

仕事は相変わらず忙しくても、さすがに余裕のようなものも出てきて、婚活のまね事も始めてみましたがうまくはいかず、社内恋愛で問題を起こすリスクを負う気にはなれず、一生独身も悪くないと思うようになっていました。そんなタイミングでの父の死であり、母との生活の始まりでした。

いまや父はなく、母の魅力を甘受することを誰に遠慮する必要もありません。そんな私が母と一線を越えてしまったのは当然のことだったかもしれません。

きっかけはある晩のこと、入浴中だった母が、リビングにいた私を大声で呼んだのです。高齢者の事故がいちばん多いのが浴室というのもよく聞く話ですし、何事かと駆けつけてみると、ただ、バスタオルがないというだけのことでした。

拍子抜けしたのも正直なところでしたが、アコーディオンカーテンをあけた私の眼前に、母は恥ずかしげもなく全裸をさらしていて、そのことに驚きました。

「いま、持ってくるから」

私はそう言うと、母の全裸から目をそらして背中を向け、リビングに向かいました。畳んだ状態で積んだままになっていたタオルの山から一枚を手にとり、浴室に戻ると、母はまだ全裸のままでした。

全身の水滴が蛍光灯の光を反射し、キラキラ輝いています。股間に目を向けると、陰毛の毛先からポタポタと水滴が垂れ落ち、その光景はとても煽情《せんじょう》的でした。目の毒でした。広げたバスタオルで母の体をくるむようにして、私の目から裸を隠しました。そうしないと、正気を失ってしまいそうだったからです。

無言のままリビングに戻る私を、母がいぶかし気に見ていました。私の葛藤《かっとう》が理解できないようでした。

「どうしたの？　機嫌悪いみたいだけど？」

リビングのソファでテレビに目を向け、おもしろくもない番組を見ている振りをする私の隣に、追ってきた母が腰をおろしました。バスタオル一枚を巻いただけの姿でした。

なんと言えばわかってもらえるのでしょう。お母さんが好きすぎて、ヤリたくて、それを我慢するのに必死なんだとでも言えばよかったのでしょうか。

私をのぞき見る母の無邪気な顔を見ていると、そんな説明がバカらしくなりました。だから私は、説明の代わりに母を抱きすくめたのです。

「何？　何なの？　どうしたの？」

母を黙らせようと、その唇に自分の唇を押しつけました。

「え？　ちょっと、何、待って、やめて……」

さらに言い募《つの》る母の唇に唇を押しつけ、舌を差し入れました。もがく母のバスタオルがはだけ、裸体が露《あらわ》になりました。

ほとんど反射的に、乳房をわしづかみにしました。柔らかい感触が手のひらに広がり、私は夢中になって母の胸をもみしだきました。もう一方の手で股間をまさぐります。指に絡む陰毛をかき分け、割れ目をなぞって陰部に至ります。

「はああん！」

母が喘ぎ声をあげて身をよじらせました。調子に乗ってさらにキスを続けようとしましたが、母が私の胸を押し返して、真正面から見据えました。

「ちょっと待ちなさい！」

強い口調に、さすがに動きを止めざるをえませんでした。

「そうなの？　あなた、お母さんと、そういうことしたいの？」

あらためて、そう言われて、自分の心を確かめる機会を得ました。答えは決まっていました。私は母の目をしっかりと見つめ返してうなずきました。

「うん。お母さんとセックスしたいんだ」

しばらく考えている様子の母でしたが、やがて微笑んでうなずき返してくれたのです。

「わかった。してもいいよ。させてあげる……でも、ここじゃ落ち着かないから、ちゃんと寝室に行きましょう」

私は半信半疑のまま寝室に向かう母についていきました。寝室は父が生きていたころと変わらず、セミダブルのベッドが中央に鎮座していました。

ここまで来て拒絶されたらどうしよう。そんな思いから、寝室に足を踏み入れるなり私は背後から母を抱き締め、そのままベッドに押し倒しました。

「あ、乱暴にしないで……」

私は聞く耳を持たずに、あらためてバスタオルを剝ぎとり、組み伏せた母の全身をまさぐりました。

「ああ、あん、あうん……」

母の悲鳴は、すぐに甘い媚《こび》を含んだ喘ぎ声に変わりました。私は乳房をもみしだき、乳首に吸いつきました。

「はぁあんんん！」

母が敏感に反応しました。

口に含んだ乳首を舌の上で転がします。乳首が充血し、ひと回り大きく、硬くなりました。

私は勢い込んでちゅうちゅうと音を立てて吸いつきます。記憶にはありませんが、その昔、乳幼児だったころにもこうしてこの乳首に吸いついていたのでしょう。

母の腕が後頭部に回り、私の頭を抱き締めました。まさにこうして胸に抱かれていたのかもしれません。

「ああ、気持ちいいよ……」

母が切なげに言いました。もっと気持ちよくなってもらいたくて、もう一方の手を股間に向かわせます。

割れ目に指先を這わせると、すでに陰部はぐっしょりと濡れていました。陰唇をかき分けてクリトリスを探り当てます。

「あん……」

ビクンと母の背筋がそり返りました。

見たい。そう思いました。母の陰部を、アソコを、自分が生まれてきたところをちゃんと見てみたい。

私は乳房を離れ、下半身に向かいました。母の両脚を開かせて、その間に自分の身を割り込ませます。

「あ、いや、こんな格好……」

母が羞恥に脚を閉じようとしましたが、そうはさせません。私は腰を抱え込んで、股間に顔を近づけました。

目の前に母の陰部がさらされます。

「そんなとこ、見ないでよ。恥ずかしいよ……」

母の羞恥心が嗜虐《しぎゃく》欲をそそります。

「見せてよ。見たいんだ」

私はそう言って、さらに太腿を押さえつけて脚を開かせ、身を乗り出しました。

「ああ……」

観念した様子の母が、目を閉じて顔をそむけます。

美しい女陰でした。女性器を見たことがないわけではありませんが、母のアソコは、格別に美しく感じられました。

「お母さん、きれいだよ……」

思わず洩れた本音の言葉でしたが、母の羞恥心をよけいに刺激してしまったようでした。腰をくねらせ、無理と知りながら脚を閉じようとしました。

「そんな」

でも、そうはさせません。私は腰を抱え込み、抑え込んで、そのまま股間に顔を埋めました。

「はあああ！」

私の唇がクリトリスを捕らえ、母の腰がビクンと跳ねました。

その拍子に、恥骨が私の鼻骨と衝突しました。目の奥に火花が散りましたが、そんなことを気にしている場合ではありません。

私は夢中で女陰にむしゃぶりつきました。唇で陰部全体に吸いつき、舌先で陰唇をかき分けて膣口をなぞります。そのまま舐め進みクリトリスに至ります。

「ああ、そこ、ダメ……」

クリトリスを口に含んで吸引しました。舌先をクリトリスに絡ませるようにして舐めしゃぶります。

「ああ、ダメだったら。そこは、ダメ。感じすぎちゃうから……」

母が腰をくねらせて私の愛撫から逃れようとしますが、もちろん逃がしません。尻に回した腕に力を込めて、がっちりと下半身を抱え込みます。

クンニリングスを続けながら、指を膣口に向かわせます。溢れる愛液と私自身の唾液をすくいとり、なじませた指先を膣口に挿し込みました。

すでにぱっくりと口をあけたアソコは、ほとんど何の抵抗を感じさせることもなく、私の指を迎え入れました。

「ああん、あんんん……」

また母が敏感に反応して、腰をくねらせて身悶えします。シーツをつかんで身をよじる姿が、とてもかわいく感じられました。

肉のトンネルを進む指は、ほどなく膣内のいちばん奥に届きました。ここぞとばかりに私は、指で膣内の肉襞をそこかしこ())とかきむしるように刺激します。

「ああ、もっと優しく、優しくして……」

強すぎる刺激に、母がのけぞって腰をくねらせます。私は母の反応を見ながら、指技を調整しなくてはなりませんでした。

「ああ、気持ちいい。気持ちいいの。もう、どうにかなっちゃいそう……」

母が切なげに喘ぎながら身をよじります。腰のうねりは次第に大きく激しくなり、ともすれば跳ね上がって、また恥骨が私の顔面にぶつかるのでした。

どのくらいそうしていたでしょうか。十分に母のアソコをたんのうした私は、身を起こして衣服を脱ぎました。

ズボンもパンツも脱いで、性器をさらします。ペニスはすでに痛いくらいに勃起していました。

母がそんなペニスをじっと見ていました。

「どうかした？」

別に恥ずかしがるわけではありませんが、あんまり見ているものだから、聞いてみました。

「やっぱり親子なのね……」

そんなことを母は言いました。

「お父さんのに、そっくり」

そう言って、母は恥ずかしそうに微笑みました。きっと父との行為を思い出していたのでしょう。私としてはちょっとおもしろくありません。父親に嫉妬しても始まらないとわかってはいても、嫉妬の感情は止められないようでした。

「フェラチオしてよ」

私はぶっきらぼうにそう言って、母の隣に身を横たえました。

母はうなずくと半身を起こして私の股間に手を伸ばしました。母の華奢《きゃしゃ》な指が私の陰茎に絡みつきます。父のペニスにも同じようにふれたんだろうなと、考えても仕方のないことを考えてしまいます。

「盲腸で入院したことあったね」

母にそう言われて、小学生のころ、盲腸で入院したときのことを思い出しました。尿瓶で小便をするのを、母が手を添えて手伝ってくれました。そういえば、母にペニスを預けるのはあのとき以来でした。

もしかすると母にとって私は、あのころの小学生のままなのだろうか。それも気分のいいことではありませんでしたが、父のことを思い出しながらされるよりはずっとましでした。

母は私の下腹部にかすかに残る手術痕を指でなぞると、あらためてペニスを握ってしごきはじめました。

「ああ……」

思わずため息の出る気持ちよさでした。

絡めた指で茎をしごきながら、母は顔を近づけると、亀頭に唇をつけました。唾液を塗りつけるように、舌先が亀頭を這い回ります。

やがて母は口を大きくあけ、亀頭全体を咥え込みました。口の中で絡みつく舌先が快感を生み出します。

美しい母の口が自分の陰茎を咥えているところを見るのは、至福の喜びでした。愛され、許され、求められていることが実感できるからでしょうか。

私の視線を感じたのか、母が上目づかいでこちらを見ました。二人の目が合って、見つめ合います。先にそらしたのは母でした。

「舐めてるところ、あんまり見ないで。恥ずかしいから……」

母が頭の角度を変えて、髪が顔を隠します。それはいやでした。ペニスを舐めている母の顔が見たい。私は手を伸ばして母の髪をかき上げるようにして、その横顔がしっかり見えるようにしました。

母の頭が私の下腹部で上下のピストンを始めました。じゅぷじゅぷと湿った音が響き、泡立つ唾液が母の口からこぼれます。

母も見られていることは気にしないことに決めたのでしょう。しっかり目を閉じて、フェラチオに意識を集中しているようでした。

ピストンがどんどん速まり、快感が増していきます。腰の奥に射精の予感があり、私はあせりました。いくらフェラチオが気持ちよくても、ここで射精してしまうわけにはいきません。まずは万全の勃起で挿入を果たさなくては。

「ちょ、ちょっと待って。お母さん」

私は母を制止して、身を起こしました。

「イッちゃいそうだから、待って」

母が優しく微笑みます。

「いいんだよ、イッても。口の中で出しちゃっても。全部飲んであげるから」

母の優しさは胸に響きましたが、それでも私は挿入にこだわりたかったのです。

「それより、入れたいんだ。お母さんのアソコに、ぼくのを突っ込みたい」

私はそう言って、母をベッドに横たわらせ、その上にのしかかりました。

あらためて両脚を大きく開脚させて、膝立ちでその間に割り込み、お互いの性器を密着させせます。

ペニスに手を添え、亀頭の先端を大小陰唇になすりつけて、すくいとった愛液をなじませます。

「あ、あ、あん、んん、あ……」

接触が刺激になって、母が小刻みに身をふるわせます。

「お母さんって、感じやすいよね。昔からそうだったの?」

母が恥ずかしそうにそっぽを向きます。

「もう、知らない……」

子どもっぽい仕草でした。還暦を迎えた母の、少女のような可憐《かれん》さに胸が熱くなりました。

いよいよ挿入です。たっぷり愛液をなじませた亀頭を膣口に押し当てると、狙いを定めてゆっくりと腰に体重を乗せました。

ずぷずぷと、陰茎が膣口を押し広げて膣内に侵入を果たします。母が敏感に反応し、

「あ、あああ！　あん！　ああ、あ！」

腰をうねらせ、背筋をのけぞらせます。握りしめたシーツがまた引っぱられて、すでにマットレスからはずれてしまっていました。

「はぁああん……」

ペニスは母の膣内を貫いて、子宮の入り口まで届きました。私の胸に感動が込み上げます。やっと母と一つになれた。いまにして思えば、思春期を迎えて以来、ずっと夢見てきたことだったような気がします。

この母の子宮に生を受けて、この膣道を通ってこの世に生まれ落ちて、いま、またここに帰ってくることができた。私は幸福を嚙みしめていました。

鮭が生まれた川に帰るように、母の性器に回帰したいと願うのは、ごく自然な願望ではないでしょうか。それを社会が許さないなら、それは社会のほうがまちがっていると思うのです。

私は母の体を抱き締め、その唇にキスをしました。私たちは目を見交わすと、ゆっくりとピストンを始めました。

「ああ、気持ちいい……」

母が感極まった声で言いました。

「ぼくも気持ちいいよ」

それはまったくの本心でした。これまでに経験したどんなセックスよりも最高に気持ちがよかったのです。単なる肉体的な快楽だけではなく、深く心まで満たされるような快感でした。

深く浅く、浅く深く、私は母の膣内に自分の分身であるペニスを出し入れしました。

もっと力強く突き入れたくて、身を起こし、膝立ちから蹲踞《そんきょ》の体勢になって、勢いをつけて腰を叩きつけるようにピストンしました。

「ああ、スゴい……」

母が切なげに身悶えします。この体勢だと、母の様子がよく見えました。キスしたり、肌をこすり合わせる快感を放棄するのは残念でしたが、身悶えする母を上から見おろすのは心躍ることでした。

ガンガンと勢いに任せてピストンを繰り出します。慣れない体勢にすぐに足がしびれてきましたが、限界まで続ける覚悟でした。

「ああ、ダメダメ。激しすぎるの。ダメ。もうダメ。気持ちよすぎるの。お母さん、もうダメ。お母さん、イッちゃうから、すぐにイッちゃうから！」

ダメと言われて力をゆるめるわけにはいきません。

「イケよ、お母さん！　イケッ！」

あえて高圧的に命令しました。そんな物言いは反抗期にもしたことはありませんでした。ギョッとしたように目を剝き、母が絶句しました。私はさらに勢いを増して腰を叩きつけ、ペニスを抜き差しします。このままイカせるつもりでした。

「あああ！　いいのね？　お母さん、イッてもいいのね？」

母が下から私を見上げて言いました。許しをこうような悲壮な表情で、見ると目には涙まで浮かんでいました。

「いいから、イケよ!」

叫びながら、体重を乗せた重い一撃で、さらに深々と突き刺しました。

次の瞬間、母の背筋が鉄棒でも呑み込んだみたいにピンと伸びました。両腕も両脚も突っ張って、顎を突き出して首をのけぞらせます。絶頂でした。母がイッたのです。私は母をオーガズムに追いやることができたのでした。

脱力してベッドに身を沈める母でしたが、無理な体勢で足がしびれた私も休憩する必要がありました。私は母の隣に寝そべりました。

次第に母の呼吸がととのってくると、私たちはまた見つめ合いました。

「ホントにスゴかった……」

母がそう言って微笑みました。私たちは抱き合って、キスをしました。お互いの舌を絡ませ合い、唾液を飲み合いました。

「まだ、イッてないんでしょ? イカせてあげるからね……」

母はそう言うと、起き上がって、あおむけにさせた私の下腹部に跨りました。騎乗位での挿入でした。勃起したペニスを、膣口が呑み込んでいきます。

「あん、ん、ああ……」

私の腹の上で、母が腰をくねらせます。

「これもイイの。だって、これ、スゴく深いの。奥にまで届くし、また違うところがこすれて、気持ちいいの……」

敏感な箇所がこすれたタイミングに快感があるようで、それを受け止めるために母が身を縮めます。そして、その母の動きに合わせて、ぎゅっぎゅっと膣口が締まるのが感じられました。

「いつでも、イッていいからね！　中で出しても大丈夫だからね！」

すでに生理の終わっている母ですから、妊娠の心配はありません。それはわかっていましたが、あらためて母から許可をもらえてうれしくないわけがありません。私は心置きなく、母の膣内にたっぷりと精液を注ぎ込みました。

以来、母との関係は続いています。私たちの蜜月は始まったばかりで、これからも続いていくでしょう。このままずっと、母と二人で暮らしていこうと心に決めている私なのです。

幼い頃に強引に処女を奪われた義父……憎いはずなのに牝芯が熱く疼いてしまい

倉田瑞穂　専業主婦・四十九歳

人にはけっして知られてはいけない、私の秘密を聞いてください。

実の父は私が三歳のときに亡くなり、それから四年後、母は会社の上司だった男性と再婚しました。

穏やかな性格の人で、とてもかわいがってくれた記憶があり、私もほんとうの父親のように慕《した》っていたと思います。

高校を卒業するまでは……。

忘れもしません。

就職して三カ月が過ぎたころ、母が友人との旅行で留守にしたときのことです。

義父に就寝中に迫られ、私は激しいショックに体を動かせず、抵抗もできぬままバージンを奪われてしまったんです。

もともと内気な性格のため、誰にも相談できず、二人の関係は母の目を盗んで八年近くも続きました。

二十五歳のときにいまの主人と知り合い、半年後にプロポーズされ、私はようやくこの地獄から解放されると、二つ返事でオーケーしました。

そして、さまざまな理由をつけては実家に十年も帰らなかったんです。

夫はとても優しく、結婚した翌年にはかわいい息子も生まれ、幸せな家庭を築いたつもりでいました。

久しぶりに実家に戻ったのは、母の死がきっかけでした。

義父は、六十七になっていましたが、ひどくやつれた様子で、「もう少し、家に帰ってきてくれないか？」と懇願されました。

もちろん過去の謝罪は受けたのですが、図々しい物言いに、私は初めて怒りを露にしました。

「どんなにひどいことをしたのか、自覚はあるんですか！」

「だから……謝ってるじゃないか。俺は、瑞穂《みずほ》ちゃんのことを真剣に愛してたんだよ。それだけは、信じてほしい」

「あなたと会うことは、二度とありません！」

涙ぐむ義父を尻目に家をあとにしたのですが、それから半年後、足を捻挫して動けないから世話をしてほしい、介護料は払うからと連絡してきたんです。

お金に目が眩《くら》んだわけではないのですが、これから子どもの進学にもお金がかかり、またお人好しの性格が災《わざわ》いし、不本意ながらも実家を再び訪れてしまったんです。

義父は右足首に包帯をしていましたが、いたって元気そうに見えました。

「ありがとう……ホントに助かったよ」

「今回だけですから」

「そんなつれないこと、言うなよ。二人きりの親子じゃないか」

「親子なんかじゃ、ありません。どの口が言うんですか？」

足の包帯をとりかえながらあきれた顔で告げると、義父は掛け布団の脇から手を伸ばし、ヒップをそっと撫でたんです。

「な、何をするんですか！」

「さびしいんだ……頼む、慰めてくれよ、なっ、お前のために、お金も貯金してあるんだ。全部、あげるから」

「やっ、やめてください！」

ものすごい力で布団に引きずり込まれ、上からのしかかられたのですが、右足を痛がる素振りは少しも見られませんでした。

おそらく、仮病だったのでしょう。

完全に、だまされた。

自分の浅はかさを呪ったものの、男の人の力にはかないません。

「けだものっ！」

あのときは悪態をつくことしかできず、悔しさから涙がぽろぽろこぼれました。

ブラウスの上から胸をもまれ、節ばった指がスカートの下にもぐりこんできたときは、全身に鳥肌が立つほどの不快感でした。

「旦那さんには、たっぷり愛してもらってるのかい？」

「く、くうっ」

顔をそむけ、唇を嚙みしめるなか、指先は女の性感ポイントを的確にとらえ、集中的に責め立てられました。

「ここかな？　ここがいちばん感じるのかな？」

「あ、あぁ」

ねちっこい指づかいに体から力が抜け落ちたものの、どうにかして脱出する手立てはないものかと考えました。

顔を殴って、怯《ひる》んだすきに逃げようか。

意を決して目をあけた瞬間、耳たぶを甘噛みされ、とたんに快感が身を駆け抜けました。

「あ、はぁンっ」

無意識のうちに色っぽい声が出てしまい、ハッとしてうろたえました。

「ふふっ、お前の性感帯は全部知ってるんだからな。耳以外には、ここだったな？」

手がさらに奥に進み、指先が臍《へそ》の周りをツツッと這うと、身をのけぞらせてシーツに爪を立てました。

「や、やあっ」

「や、じゃなくて、もっとだろ？」

「や、やめて……ください。私には、夫と子どもがいるんです……もう昔の私じゃないんです」

「そうは言うけど、パンティだって湿ってるじゃないか。自分でも、わかってるんだろ？　体が、快感を受け入れてるのは」

「そ、そんなことありません」

にらみつけて否定したものの、実際は動揺しまくりでした。

彼の言うとおり、女の中心部が熱くなり、あそこから愛液が溢れ出しているのを自覚していたからです。

「ほら、意地を張らずに正直になりさい」

「はふぅっ」

またもや耳たぶをしゃぶられ、熱い息を吹きかけられると、体から力がどんどん抜け落ちていきました。

「昔と、全然変わっとらんじゃないか……いや、感度はよくなったかな？　さすがは人妻、おマ〇コは定期的にしてるのか？」

なんと、いやらしい男なのか。

怒りの感情がわき起こるも、太い指が内腿から鼠蹊部を這うと、抵抗心も徐々に奪われていきました。

「い、いや……ひぃン！」

ショーツの脇から指が差し入れられ、女のホットポイントをまさぐられました。

同時にくちゅんという音が響き、義父はしてやったりの表情でほくそ笑んだんです。

「なんだね、この音は？」

「あ、あっ」

「クリちゃんも、おっきくなってるじゃないか。そんなに気持ちいいのかね？」

「ひっ、ひぃうっ」

猛烈な勢いで指がスライドを始めると、快感はますます上昇し、牝の本能が理性を呑み込みはじめました。

「こんなに濡らしおって、いやらしい女め。それとも、旦那からお預けを食らっとるのかな？」

義父の言葉には、顔から火が出るかと思いました。

夫はもともと淡泊《たんぱく》な性格で、子どもが生まれてからは営みが減り、いまはひと月に一回ほどと激減していたんです。

最近は仕事が忙しいらしく、もう二カ月も肌を合わせていませんでした。

「ほれほれ、愛液が絶え間なく溢れてくるじゃないか」

「いやぁあぁっ！」

「そろそろ、エクスタシーに達するころなんじゃないかね？」

絶対に、イクものか。口を真一文字に結び、快楽に抗ったのですが、義父の指はかまわず跳ね躍り、私を官能の世界に引きずり込みました。

「あ、あ……」

「ほうら、イッちまえ」

クリトリスを爪弾かれた瞬間、私はあっけなく絶頂の扉をあけ放ってしまったんです。

「ああ、やっぱりお前は最高の女だよ」

快感のうねりが次々と押し寄せ、心地いい感覚にどっぷりひたるなか、義父はスカートをたくし上げ、ショーツを引きおろしました。

あのときの私はまだ夢心地の状態で、貞操の危機に気づいていなかったんです。ショーツを足首から抜きとられ、足を開かされた瞬間、ようやく現実の世界に引き戻されました。

「あっ、な、何を!?」

あわてて身をよじったものの、義父はすかさず顔を股間に埋め、分厚い舌であそこをベロベロ舐め回しました。

「ひぃぃっ!」

「ふふっ、そんな声をあげることはないだろ?　セックスの前には、いつもしてあげてたじゃないか」

「やっ、やっ」

「うぅん、甘ずっぱいおマ○コとラブジュースだ。とろみは、昔よりも強くなっとるかな？」

「や、やめて……あうっ」

舌先がハチドリの羽根のように上下し、クリトリスを何度も掃《は》きなぶられました。それだけにとどまらず、唇をすぼめて吸いつき、じゅるじゅると激しい勢いですすり上げてきたんです。

「あ、あああぁあっ！」

私は身をのけぞらせ、シーツを手で引き絞りました。エクスタシーの高波がまたもやうなりをあげて襲いかかり、自制心とプライドを粉々に打ち砕きました。

私は指と口だけで、二度目の絶頂に導かれてしまったんです。

「あ、あ、あぁ」

「大股を開いてイッちまうとは、そんなに不自由してたのかな？」

甘ったるい感覚に身をゆだねていると、衣擦れの音がかすかに聞こえ、生ぐさいにおいが鼻先にただよいました。

「しゃぶってくれ」

目をうっすらあけると、義父はいつの間にかパジャマと下着を脱ぎ捨て、真っ裸になっていました。そして私の体の真横に跪《ひざまず》き、勃起したペニスを目と鼻の先に突き出していたんです。

「あ、やっ」

「いやということはないだろう。さんざん、お世話になったものじゃないか」

赤黒いペニスはパンパンに張りつめ、天に向かってそり勃《た》っていました。

夫のものより、優にふた回りは大きかったかもしれません。

七十路に近い男性がこれほどの性欲を剝き出しにしようとは、夢にも思っていませんでした。

「なつかしいだろ？　さあ、たっぷりしゃぶっておくれ」

義父はそう言いながら、肉幹を手筒でしごきました。

「あ、ああっ」

真っ赤に膨れた先端、蛇腹のようにスライドする包皮、ぷんぷんと香る汗のにおい。

逞《たく》しいペニスを見つめているだけで、脳の芯がビリビリ震えました。

私は知らずしらずのうちに唇を舌でなぞり、花園に群がるミツバチのように顔を寄せていたんです。

「ンっ、ぷふぅ」

カリ首や鈴口に舌先を這わせたあと、牡の肉を真上からがっぽり咥え込みました。たったそれだけの行為で心臓がドキドキし、あそこからは大量の愛液が溢れこぼれてしまったんです。

「ンっ、ふっ、ンっ、ンンぅっ！」

「お、おう、そうだ、唾をたっぷりまぶして……唇をすべらせて……むむっ、うまい、うまいぞ……昔より断然うまくなっとる」

先走りの苦味が口の中に広がりましたが、このときの私に不快な気持ちはもう残っていませんでした。

指示されなくても、自ら首を振り、鼻にかかった声を洩らしてはおチ○チンを懸命に舐めしゃぶっていたんです。

「ああ、なんてこった……お前が、こんなにスケベな女になってしまうとは……下手したら、口でイカされちまうぞ」

義父は声や太腿の筋肉をふるわせ、太い血管も熱い脈を打っていました。

このままイカせたら、最後の一線は守れるのではないか。

頭の隅で思った瞬間、義父は股のつけ根に手を伸ばし、またもやクリトリスをいじり回しました。

「ひぃうっ！」

性感ポイントをあやされ、はたまたこね回され、私はあまりの快感にペニスを吐き出してしまったんです。

義父はここぞとばかりにおおい被さり、足の間に腰を割り入れました。そして亀頭の先端を陰唇の狭間に押し当て、ペニスをぐいぐいと突き出してきたんです。

「く、ひっ！」

なんとか逃れようとしたものの、足をがっちり押さえ込まれているのでむだな努力にしかなりませんでした。

「やっ、やっ」

「観念しなさい。お前の体だって、チ○ポを欲しがってるんだから」

そんなわけない。そう思う一方で、こなれた膣肉はペニスを手繰り寄せるようにうねり、さほどの抵抗もなく体内に侵入してきました。

「あ、あ、あ……」

「ほうら、亀頭が入るぞ……むっ！」

「あうっ！」

真横に突き出たカリ首が膣口をくぐり抜けるや、脳天を快楽の稲妻が貫きました。

なんと私は、ペニスを入れられただけで、またもや性の頂《いただき》に昇りつめてしまったんです。

「くっ、くっ、ふうっ」

「なんだ、またイッちまったのか？　まったく、驚いたな……こっちはまだ一回もイッてないのに」

コブのように膨れた静脈が膣壁をこすり上げ、セックスがこれほど気持ちのいいものだと思ったことはありません。

ペニスが根元まで埋め込まれ、私は膣内をいっぱいに満たす充足感にしばし放心していました。

義父のモノはコチコチに硬く、灼熱の棍棒という表現がぴったりの逞しさを誇っていました。

「おお、久しぶりだ……私はうれしいよ、お前をまた抱けるなんて」

涙が自然と溢れましたが、悔しかったのか、それとも性の悦びに打ち震えたのか。

そのときの私には、よくわかりませんでした。

ただ目を閉じてむせび泣くなか、義父はスローテンポのピストンから膣肉を掘り返してきました。

「あ、あぁ」

「これだけ濡れてるんだ。痛くはないはずだぞ」

「あ、やぁぁっ」

スライドが速度を増すたびに、またもや快感が身を駆け抜けました。

彼は初老の男とは思えない持続力で腰を振り、先端が子宮口をガンガン小突きました。

「ン、はっ、はっ、ふっ、はぁあぁっ」

「ふん……ようやく、よがり声をあげはじめたな」

これ以上は、はしたない姿を見せたくない。そう考え、奥歯を嚙みしめてこらえていたのですが、義父はさらにピッチを上げ、右手の親指でクリトリスをコリコリといじり回しました。

「く、ふわぁっ！」

頭の中で白い光が左右に弾け、全身が心地いい浮遊感に包まれました。

私はとうとうケダモノの軍門に下り、快楽を全身全霊で受けとめてしまったんです。

結合部から卑猥な音が響き、二人の喘ぎと湿った吐息が絡み合いました。

「おおっ、マン肉がチ○ポに絡みついてくる！　なんて、気持ちいいんだ……あそこの具合も、昔より全然いいぞっ」

「あ、あ、あ……」

「なんだ、またイクのか？　いいぞ、何度でもイカせてやるからな」

もはや、自制心はかけらも残っていませんでした。

夫との営みが途絶えていたこと、女盛《ざか》りを迎えていたことが原因だったのでしょう。

自分の中で言いわけをつくろい、私は自ら快楽に身を投じたんです。

「あ、イクっ、イクっ……イキそう」

絶頂を告げる言葉はか細く、彼の耳には届かなかったはずなのですが、突然腰の動きを止め、ニタリと笑いました。

「ふふっ、わかるぞ……お前がアクメに達するときは。八年近くも、肌を合わせてきたんだからな」

「あ、あぁ」

エクスタシー寸前にお預けを食らい、私はすがるような目で義父を見つめました。

たぶん、物ほしげな顔つきをしていたのではないかと思います。

彼は満足そうな顔をし、私を抱きかかえて体を反転させ、騎乗位の体勢をとりました。

「自分で、動いてごらん」

「……え？」

「いいんだよ、お前の好きなようにして」

なんと、意地の悪い男なのか。

相手に主導権を握らせることで、自身の承認欲求を満たそうという魂胆《こんたん》はすぐにわかりました。

私が積極的に腰を動かせば、無条件で義父を受け入れたことになります。

頭の隅に残るプライドが拒絶の意思を示したものの、肉体は意に反して快楽を求めていました。

気がつくと、私はヒップをかすかにくねらせ、こなれた媚肉でペニスをもみ込んでいたんです。

「あ、ああっ」

「む、むう……いいぞ、ほら、もっと足を広げて」

「あ、やっ」

足を強引に開かされ、身が裂かれそうな恥ずかしさに翻弄《ほんろう》されました。

「ははっ、入ってるとこが丸見えじゃないか」

「み、見ちゃ、だめっ！」

「とろとろのおマ○コが、私のチ○ポをぐっぽり咥え込んでるぞ」

「やぁあぁっ」

不思議なことに、いやらしい言葉で責められるたびに体がしびれ、快感もぐんぐん上昇していくんです。

義父はころあいを見はかり、下から腰をこれでもかと突き上げてきました。

「いっ、ひっ！」

「ふふっ、どうだ、気持ちいいか？　いいんだぞ、遠慮せずにイッても」

「やっ、はっ、だめ、ンっ！　くっ、はぁあぁっ！」

マシンガンのようなピストンが繰り出された瞬間、頭の中を七色の光が駆け巡り、天国に舞いのぼるような感覚に包まれました。

騎乗位の体勢から、私はとうとう快感を認める言葉を口にしてしまったんです。

「ああっ、いい、いいっ！　イクっ、イクっ！」

「いいぞ！　女の悦びを教えたのは、この私なんだからな！　さあ、イッちまえ！」

「いやっ、イクっ、イクイクっ、イックぅうン！」

筋肉ばかりか骨までとろけるような快美が襲いかかり、私は黒目をひっくり返してエクスタシーの波に呑み込まれました。

全身が痙攣し、ヒップのわななきも止まりませんでした。収縮した膣肉でペニスを何度も締めつけるたびに、この世のものとは思えない快感が体の芯まで浸透してきたんです。

気がつくと、私は義父にもたれかかり、荒い息を途切れなく放っていました。彼が大きな手で背中を優しくなでていたことだけは、はっきり覚えています。

その日から、夫の目を盗んでは禁断の関係を結びつづけていましたが、義父も五年前に他界しました。

彼は私が受取人の生命保険に入っており、その事実を知ったときは溢れる涙を止めることができませんでした。

心にぽっかり穴があき、いまでもさびしさは感じますが、もちろんこの秘密は墓場まで持っていくつもりでいます。

娘婿から突然告白された六十路熟主婦 愛する夫を裏切り背徳のナマ中出し姦！

半田百合子　主婦・六十歳

もうしばらく前のことになりますが、私はあろうことか、娘の夫、つまり義理の息子と関係を持ってしまいました。

娘はひとり娘で、多少わがままで気の強いところもありますが、性根は優しい子で、短大を卒業して就職してからも、娘の独立を心配する私とさびしがる夫を慮《おもんぱか》って、実家住まいを続けていました。

娘は奥手なところがあり、学生時代にボーイフレンドはいたようですが、将来を誓《ちか》い合うような恋人は作らず、仕事以外は女友だちグループでの小旅行ばかりで、浮いた話は全然ありませんでした。

そんな娘が初めて連れてきたのが秀則《ひでのり》さんでしたから、私たちは反対などするわけもなく、二人の結婚を祝福しました。

二人は新居を私たちの家の近くに借りました。妊娠でもすれば手を借りるだろうし、逆に私たちにもいずれ介護の手が必要だろうという気づかいでした。秀則さんの実家のこともあるだろうにと、私たちはずいぶん感謝したものでした。

娘夫婦は週末になると私たちの家に来て、みんなで食事をするのが常でした。また、定年まであと何年か間があり、まだまだ出張も泊りゴルフも現役並みの夫が家をあけるときは、必ず二人揃って訪ねてくれるのでした。

その日は、娘が結婚以来久しぶりに女友だちグループでの旅行に参加することになり、たまたま日程が夫の出張とかぶってしまったのでした。秀則さんが一人で家に来てくれて、私たちは二人で食事することになりました。

「実は、ぼく……お義母さんのことが好きなんです」

いきなりそんなことを言われたのは、食事もすんで、リビングのソファでコーヒーを飲んでいるときでした。素直に喜んで聞き流せばよかったのでしょうが、そんなふうにできない切実さの感じられる言い方でした。

「お義父《とう》さんにも、留美《るみ》（娘の名前です）にも、申しわけないとは思うけど、でも、どうしても我慢できないんです」

そんなふうに熱烈に告白されて、女の芯の部分が反応してしまいました。下腹部が重くなり、子宮あたりが熱く熱を持つのが感じられました。私はうつむいて黙り込みました。

拒絶ではないと了解した秀則さんが、並んで座るソファの上でにじり寄り、私の手に、手を重ねました。絡みつく指先を振りほどくことはできませんでした。指を伝って好意が流れ込んでくるような気がしました。

顔を上げると目の前に秀則さんの顔があって、じっとこちらを見つめています。あわてて目をそらし、顔をそむけましたが、秀則さんの手が優しく頬に添えられ、真正面を向かされました。

あ、キスされる。そう思う間もなく、唇が奪われます。秀則さんの柔らかい唇が私の唇に押しつけられ、舌が差し入れられました。

「んんん……」

つい甘い声が洩れてしまいました。子宮のあたりに響くような素敵なキスでした。舌とともに流れ込む唾液が私の唾液と混ざり合います。

頬に添えられた彼の手がだんだん下に降りて、今度は私の首筋から胸のあたりをなでさすり、やがて私の乳房を衣服の上からもみはじめました。

「ああ、あ、ああんんん……」

着衣越しではありますが、指先が乳首にふれるたびに、電流が走るような感覚がありました。

私は鼻にかかった甘い喘ぎ声を止められませんでした。自分が感じているという事実が思い知らされ、よけいに感度が増していくようでした。

「ねえ、ダメ。もうやめましょう。そこまでにして……」

これ以上こんなことを続けられたら、もう自分が制御できなくなる。そんな予感に私は恐ろしくなって、秀則さんに懇願しましたが、聞く耳を持ってはもらえませんでした。私の唇はまた彼の唇でふさがれ、からめとられた舌がもてあそばれました。

「いやだ。やめない。やめたくない」

秀則さんはそう言って、またキスするのでした。彼の手が私のシャツのすそから差し込まれ、背中に回ってブラジャーのホックがはずされました。

「あ、ダメ……」

抵抗する間もなくシャツが脱がされ、私の乳房が露になっていました。腕を交差させて隠そうとしましたが、簡単にはねのけられました。

秀則さんは私を抱き寄せながら、胸に顔を埋めてきました。乳房がもみしだかれ、もう一方の乳首に吸いつかれました。

「あああ！」

私は悲鳴のような声をあげて背筋をのけぞらせました。体をよじって逃れようにも、背中に回された力強い腕がそれを許してくれません。

吸いとられた乳首が彼の口の中で舌先にもてあそばれます。たまらない快感でした。乳首を起点に全身に電流が走る感覚でした。私の肉体は心地よくしびれ、子宮に響いて私の下腹部を重く、熱くするのです。

「ああ、あああんん。あああ……」

いつの間にか私は、秀則さんの頭に腕を回して抱え込んでいました。左右の乳首に交互に吸いつき、赤ん坊のような熱心さで吸い上げる彼の様子に、いとしさが込み上げます。

彼が私としたいならさせてあげたってかまわない。そう思いました。私は抵抗をあきらめて、彼の好きなようにさせることにしました。

私の気持ちを察したのか、秀則さんの手が下半身に伸び、スカートの中に侵入してきました。

膝から、内腿を這い進む手のひらの感触に、鳥肌が立ちました。それはけっしていやな感じではなく、むしろ歓迎したい感覚でした。

「あんん！」

彼の指先が、股間に届きました。パンティは外からふれてもわかるくらいにびしょびしょに濡れていたはずです。指先が股布をくぐって中に差し込まれ、女陰に直接ふれました。

「あああぁ……」

全身をしびれさせる快感が背筋を駆け昇りました。強すぎる刺激に腰が引けましたが、秀則さんは腕を回して尻を抱え込みます。

指先がパンティの中で暴れました。陰唇を押し開き、クリトリスを刺激し、膣口をまさぐります。愛液にまみれてぱっくりと口をあけた膣孔は、彼のけっして細くはない指を簡単に迎え入れました。

指が膣口に挿し込まれたのか、膣口が指先を呑み込んだのか、どちらかわからない感じでした。でも結果は同じです。膣内の肉襞を刺激されて、激しい快感が全身に広がりました。

「ああ、気持ちいい……」

思わず言葉にしてしまいました。気持ちよさを白状してしまったのです。それで何が変わるわけではありませんが、なんとなく負けを認めてしまったような軽い屈辱感と、快感に身をまかせてもいいんだという開放感がありました。

「アソコ、見せてもらってもいいですか？」

秀則さんが言いました。いまさら拒絶できるわけもありません。スカートは大きくまくり上げられ、パンティは脱がされてしまいました。私はされるがままでした。

ソファを降りて床に膝立ちになった秀則さんが、私の両脚を大きく開かせました。彼の眼前にアソコがさらされます。羞恥心が込み上げます。

「そんなに見ないで。は、恥ずかしい……」

とっくに閉経した性器です。その昔、ここから娘を産みました。ほかでもない、その娘の夫に見せていい性器ではありません。でも、その背徳感が女の芯をふるわせるのです。見られているだけで、どうしようもなく快感が込み上げます。

白濁した愛液がにじみ出して、ひと筋、垂れるのが自覚できました。秀則さんがすかさずそれを舐めとりました。

「あん！」

ビクンと腰が跳ねました。思わず両脚を閉じようとしましたが、秀則さんの頭を挟んでしまい、側頭部をむだに絞めつけるだけでした。

両脚の絞めつけは軽く無視され、秀則さんが身を乗り出して女陰にむしゃぶりつきます。唇が陰唇と密着して吸引されました。さらに舌先が割れ目をなぞり、クリトリスを捕らえました。

「あああ！　そこ、ダメ。そんなふうにされたら、感じすぎちゃう……」

眼下の股間にクンニリングスにふける秀則さんの顔があり、上目づかいでこちらに視線を送る彼と目が合いました。

「もっと感じてほしいんですよ」

そう言って、彼はさらにクリトリスに吸いつき、舌を絡ませます。そしてあらためて指が膣内に侵入してきました。しかも今度は二本です。さすがに圧迫感が強い。ぐいぐいと肉体が押し広げられる感覚がありました。

「はぁあんんん……」

腰が勝手にうねり、痙攣が全身に広がります。両脚が八の字に伸び、足指の先に力がこもりました。早くも軽く絶頂の予感がありました。

「あ、ダメ、ダメだったら。イッちゃうから……すぐにイッちゃうから！」

それで愛撫の手をゆるめてくれるわけもなく、逆に指の動きが激しさを増しました。膣内をかき回し、最奥部を突き、膣口に近い前部あたりの敏感箇所を刺激します。

さらに口の中に包皮ごと吸い上げられたクリトリスが、舌先で包皮を剝かれ、剝き身のクリトリスが吸引力で鬱血《うっけつ》して、性感神経が限界まで締め上げられました。我慢しようと思って我慢できる快感ではありませんでした。

「あ、イク……」

自慰で得られるオーガズムとはまったく異質の、本物の絶頂でした。忘我《ぼうが》の境地に押し上げられて呼吸が止まり、頭の中が真っ白になりました。

「あああああぁぁあ……」

何秒か、何十秒かわかりませんが、意識が飛んだかもしれません。気がつくと、ソファに身を横たえて深呼吸を繰り返していました。

秀則さんがソファのわきに立ち、脱力する私を見おろしていました。ズボンをおろし、パンツを脱ぐと、彼のペニスが露になりました。それはすでに勃起していました。

私にとっては、久しぶりに目にするペニスでした。夫とはずっとセックスレスで、最後に夫婦の営みがあったのがいつだったかも覚えていないくらいです。

「俺のも、してくれますか？」

もちろん否はありません。こちらからお願いしたいくらいでした。

絶頂に追いやられて、私の中の女が暴走を始めたようでした。夫のことも娘のことも頭の片隅に追いやられ、欲望のままに快楽を求めるメスになり果ててしまったみたいでした。

私は、ソファに座りなおして、彼のペニスに指を絡めました。すぼめた唇で亀頭の先端にキスします。カウパー腺液の味がしました。

舌先で亀頭の縁をなぞるように唾液をなすりつけていきます。たっぷりと塗りつけた唾液が茎に伝うのを、絡めた指で塗り延ばしました。もう一方の手を陰嚢に添えて、優しくもみます。

「う……」

頭上にうめき声を聞きました。きっと気持ちがいいのでしょう。もっと気持ちよくしてあげたい。素直にそう思いました。私がそうしてもらったようにイカせてあげたい。そして、できれば精液の味を舌先で味わいたい。

大口をあけて亀頭全体にかぶりつくようにして口に含みました。舌を絡ませながら、喉の奥深くまで呑み込みます。

先端がのどちんこに届きました。異物の侵入に嘔吐《おうと》感が込み上げ、目からは涙まで溢れましたが、それをこらえてさらに深く呑み込もうとします。

「うぐ、うぐぅ、うぐぐ……」

喉から嗚咽《おえつ》が洩れました。それでも私は絡めた指で根元をしごきながら、頭を前後させてピストンしました。

溢れ出す唾液が泡立ちながら口の端からこぼれて、頬を伝う涙と合流して顎に伝いました。

上目づかいで見上げると、秀則さんが見おろしていました。二人の視線が絡み合います。このままイカせる。私はそう決心して、髪を振り乱し一心不乱にフェラチオにふけりました。

口の中で亀頭がひと回りふた回り大きく膨張したかと思うと、次の瞬間、ふくれ上がった肉塊が暴発しました。射精でした。口いっぱいに大量の精液が溢れました。

なつかしい味です。何年も味わっていなかった、男の人の味でした。なければないで我慢できていたはずですが、こうして味わってみると、これをあきらめて生きていた年月が、とてももったいなく感じられました。

私はしっかりと美味を味わってから飲み下しました。粘度の高い、喉に絡む独特の感覚もまたなつかしいものでした。

「ふう……」

今度は秀則さんが脱力して、ソファに身を投げ出す番でした。私は体勢を変えて彼にソファを譲り、その足元に跪きました。彼の腰を抱え込んで、すでに力をなくししたペニスにむしゃぶりつきます。

尿道に残る精液の残滓《ざんし》を吸いとり、吸い尽くしました。さらに口の中で亀頭に舌を絡ませ愛撫を繰り出します。柔らかく縮んだペニスはマシュマロのような食感で、それはそれで趣《おもむき》のあるものでした。

どのくらいそうしていたでしょうか。やがてペニスはだんだんと力を取り戻していきました。

「もう、入れられるんじゃない？　入れてくれる？」

自分からそう言いました。言ってからそのはしたなさに気づいて、恥ずかしさに赤面してしまいました。

「お義母さんが跨ってくれますか？」

そんな私の羞恥心を知ってか知らずか、秀則さんが言いました。もう後へは引けません。腰に残るスカートを脱ぎ捨てて、ソファに深く腰かける彼の下腹部に跨ります。

再び起立したペニスを逆手に握って、私はゆっくりと腰を落としました。

亀頭と陰唇がふれ合って、湿った音を立てます。体重をかけるまでもなく、ぱっくりと口をあけた膣孔がペニスを迎え入れました。

「あ、あ、あ、あああ……」

肉襞を切り裂くようにして、陰茎が膣内最奥部を目指します。指二本よりもずっと太く力強く、圧迫感もずっと大きいものでした。

「はぁああ！」

快感が背筋を貫きます。私は秀則さんの腹筋に両手をついて、強すぎる挿入感を少しでも減じさせて、やり過ごそうとしました。

タイミングを見計らって、秀則さんが下から腰を突き上げました。

「あうん！」

さらに深くペニスが突っ込まれることになり、亀頭の先端が膣内最奥部に届きました。痛いくらいの挿入感でした。そしてそれはとても気持ちのいいものでした。

ああ、これ。この感覚。ペニスを突っ込まれるこの感覚。これを忘れてこれまで生きていたなんて、それは生きていないのと同じことではないかとさえ思いました。

「ああ、気持ちいい。気持ちいいの……」

私の意志を無視して腰がうねっていました。結合したお互いの性器を中心にして、大小の同心円を描くように、腰を回していました。

ペニスの縁、カリの部分が膣内の肉壁をこすり立てます。どの角度でどこをどうこすられるのが気持ちいいのか、女の肉体が知っていました。意志とは関係なく勝手に動く腰が、微妙な角度を調節してくれるのです。

「ああ、困る。気持ちよすぎて困る……」

私はヨガリまくり、尻を振り立てて快感に喘ぎました。

暴れすぎて抜けそうになるのを防ぐために、秀則さんが両手で私の尻をわしづかみにしました。指先が臀部に食い込む感覚もまた好ましいものでした。

「ああ、イイ！　またイッちゃいそう！」

絶頂の予感がさらに性感を高め、より大きな快感の呼び水になりました。

「ああ、何かスゴい……スゴいの来る！」

快感の奔流《ほんりゅう》に呑み込まれそうでした。

「ああ、イク！　イキそうなの……ねえ、イッてもいい？」

「もちろんですよ。イッてよ。お義母さん、イクところ見せてくださいよ」

そう言って、秀則さんがまた腰を突き上げました。

「あああああ！」

私はのけぞって、絶頂を迎えました。クンニリングスのときの絶頂よりも、さらに高みに追いやられたのは言うまでもありません。呼吸も忘れて、再び忘我の境地に至りました。こんなすばらしいことを放棄して、長らく無縁に生きてきたなんて、自分のバカさ加減にあきれる思いでした。

脱力感にソファに身を投げ出した私でしたが、秀則さんはまだイッておらず、上からのしかかって正常位で挿入してきました。

体位が変わればこすれる箇所もまた変わります。ケチャップをマヨネーズに変えれば別の料理になるように、同じセックスとは思えない別の快感がありました。

「ああ、これもイイ……」

真正面からのしかかられて、見つめ合い、キスしました。私たちはお互いの唇を吸い合い、舌を絡ませて、唾液を混ぜ合い、飲み合いました。

のしかかる彼の体重が幸福感を生みます。愛され、求められている実感が感じられます。

「お義母さん、今度は立ってもらってもいいですか？」

私としては、ずっと正常位のままでも全然かまわなかったのですが、秀則さんはもっと別の体位が好みだったようです。

こわれるままに私は立ち上がり、ダイニングテーブルに手をついて、彼に尻を向けました。いわゆる立ちバックというのでしょうか。秀則さんは私の尻を抱え込むようにして、背後から挿入してきました。

後ろから突き上げられるのは、屈服感というか、いいようにもてあそばれている感覚があって、それはそれで悪くありませんでした。なにより、この体位での挿入が最も深いところまで届くような気がします。

欠点としては、お尻の穴を相手の眼下にさらすのが恥ずかしいということですが、それも受け入れてしまえば快感に転じることも可能でした。

「お義母さん、ぼくもまたイキそうです……」

そう言うと、秀則さんのピストンが速く、強くなりました。彼の下腹部と私の臀部が激しくぶつかり合ってパンパンと小気味いい音が響きました。

「そのままイッてね。中で出していいからね……」

妊娠の心配なく膣内に射精してもらえるのは、閉経のいいところでしょう。私は心置きなく、彼の射精を膣内で受け止めたのでした。

そのあと、私たちはいっしょにお風呂に入って体を洗い合い、今度はベッドルームに行って抱き合いました。

魔が差したとでも言うのでしょうか、あんなに乱れてしまったのは、生まれて初めてで、夫との新婚時代にもなかったことでした。お互いに我を忘れて何度も求め合ったことが恥ずかしくも気まずくて、翌朝はほとんど口もきかずに帰る秀則さんを見送ったのです。

そうこうしているうちに娘の妊娠がわかり、初孫の報告に喜びながらも私は複雑な気持ちでした。あれ以来、秀則さんと二人きりになることはないまま、それでも表面上は仲よくふるまいながら、早いもので、その孫が今年小学校に上がります。

もう二度と秀則さんと抱き合うことはないのでしょうか。そう思うと身を切られるようにつらいのですが、また抱き合うことになったらと思うと、それはそれで自分が保《たも》てなくなりそうで、恐ろしい気もしている私なのです。

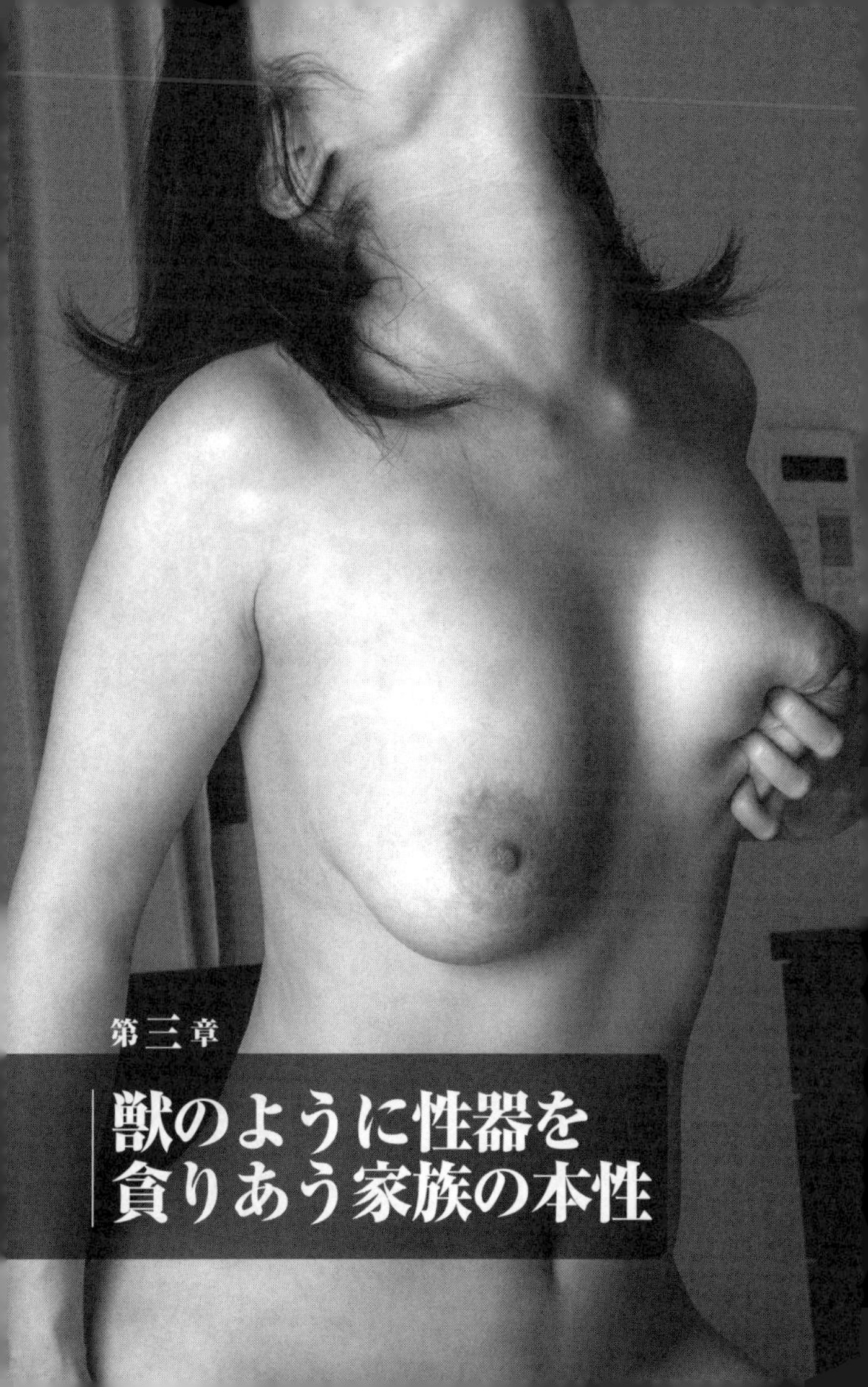

第三章

獣のように性器を貪りあう家族の本性

男らしい義兄に惹かれた農家の甘熟嫁
夏祭りの夜に逞しい肉幹で貫かれて……

山本志保　主婦・四十歳

農家の暮らしは楽ではなく、三十歳のときにOLを辞めて山本《やまもと》の家へ嫁《とつ》いできて、二年近くはいじけた気持ちで過ごしていました。

だんだんと慣れていけたのは、働くことで農家の体が出来てきたのもありますが、近所に住んでいる義兄の存在が大きかったと、はっきり言えます。

年寄りばかりのその農村で、頑丈な体をした四十五歳の正和《まさかず》さんは、はつらつとしていて、年齢よりもずっと若く見えました。

照るように日焼けした彫りの深い顔立ちも格好よく、三十二歳の私を「かわいい」と言って、よく面倒を見てくれました。

正和さんより七つ年下の夫は、線が細く、まじめで優しい人ですが、男性的な魅力はというと、どう考えても正和さんのほうが上でした。

私は気の多い女ではありません。

でも、正和さんと接していると、どうしても女の部分が出てしまいました。隠せてはいなかったと思います。

会うだけで体が熱くなりましたし、無意識にしなまで作るようになっていました。

正和さんは独身なのに、どうして女の扱いが上手《うま》いのかと考えたとき、村のスナックでホステスと遊んでいるからだと思い立って、「また若い子と遊んでたんでしょう」なんて、女房でもないのにすねて腕をつねったり……。

そんな私に正和さんは、「志保《しほ》がホステスだったらもっと通っちゃうねぇ」「志保はスタイルがいいから、ミニスカートが似合うだろうねぇ」「俺も志保みたいな嫁さんがいればなぁ」などなど、露骨に女心をくすぐってくるんです。

家では働かされるばかりでしたから、たまに顔を合わせる正和さんに女扱いをしてもらえると、どんどん欲しがりになってしまいました。

もちろんそこには、義理とはいえ兄と妹という、関係性への信頼がありました。

女として甘えているのではなくて、妹として甘えているんだという言いわけがあったんです。

でも、きっとそのせいで、知らない間に距離を縮めすぎていたんだと思います。

夫が新しい品種にとりくむための視察で他県まで泊まりで出かけていった、八月のある日のことでした。

正和さんから「息抜きに夏祭りに行かないか？」と誘われたんです。

相手が正和さんなら、義両親や夫に隠す必要もありません。私はよろこんで応じました。

夕方、軽トラに乗せてもらって近村の大きな祭りを楽しみ、正和さんは運転があるからと、私だけお酒をいただきました。

ほろ酔いになった私を笑わせてくれる正和さんは、頭をポンポンしてきたり、冗談めかしてお尻をたたいてきたりして、私をますますはしゃがせました。

思えばそのときにはもう、お互いその気になってしまっていたんです。

手をひかれるまま、祭りの灯りから離れてひと気のない山の中の道を進んでいくと、いつの間にか腰を抱かれていました。

このままじゃいけない……と危ぶむ気持ちもあったのですが、頭も体もぼうっとなってしまっていて、その先に何があるのかわかっているのに抗えませんでした。

杉の木立《こだち》に囲まれた林業用の仕事道で抱きしめられると、私はそれだけで全身の力が抜けてしまいました。

夫の顔や、義両親の顔が思い浮かばなかったわけではありません。でも、正和さんにキスをされ、舌を差し込んでこられると、もうどうにもなりませんでした。

両手でお尻をもみしだかれ、下腹部に正和さんの硬くなったアレを押しつけられ、たくましい胸板でバストを押しつぶされて、たちまち息が荒くなりました。

片手でワンピースのボタンをはずされ、胸元に手を差し入れてこられました。

私は「あっ」と小さく声をあげながら、ブラの中に滑り込んできた指の感触に膝をガクガク震わせました。

久しぶりだったんです。

夫はもともと淡白なうえ、農業不振からくる気疲れもあって、長いこと私を抱いてくれていませんでした。

欲求不満と言ったら、きっとそうだったと思います。

ただでさえ敏感になっているところへ、ずっと憧れていた正和さんのゴッゴッとした手で乳房をもまれ、太い指で乳首をつままれると、恥ずかしいのに淫らな反応を隠せませんでした。

「あ、あの……お義兄《にい》さん……これ以上は……」

やっとのことで言葉をしぼり出しました。

本当はうれしかった……でも義理の妹として、言わずにはいられなかったんです。

すると正和さんは私の目を見て、

「志保がかわいすぎるんだ……許してくれよ。志保だってほら、ここに硬いの、欲しかったろう？」

と、お尻に回していた手で、ワンピースの裾をたくし上げてきました。

そしてパンティの上からアソコに指を当てがい、ジワッと押しつけてきたんです。

「ああっ……ま、待って……」

「ヌルヌルしてるのがわかるよ、志保。最近、あいつとヤッてないのか？」

図星をつかれ、指を動かしてこられると、私は立っているのもやっとになってしまいました。

恥ずかしい声を噛み殺しているうちに、夜風に乳房をさらされ、パンティの横から直接アソコにさわられていました。

私が本気でいやがっていないことや、実は期待して家を出てきたことなどを、全部見透かされてるような気がしました。

「志保、いっぱい気持ちいいことしような」

乳首に吸いつかれるのと同時にアソコに太い指を入れられました。

遠くからお祭りの喧噪《けんそう》がかすかに聞こえてくるなか、私は声を抑えられませんでした。

正和さんの汗のにおいにも興奮していました。

杉の木にもたれかかるようにして立ち、されるがままになっていると、正和さんが作業ズボンとパンツをおろして下半身裸になりました。

「志保、しゃぶってくれ」

ストレートに言われた私は、クナクナと腰を落として、正和さんの前にしゃがみ込みました。

目の前で見るアレは、夫のものよりもふた回りは大きく見えました。

「志保のことを思って、こんなになっちまったんだよ」

頭の上に手をおかれ、前屈みにさせられると、私は自分から口をあけ、それを口の中に含みました。

シャワーを浴びていない男の人の強いにおいが鼻に抜けました。

正和さんが腰を動かしはじめ、苦さとすっぱさの交じった味が口いっぱいに広がって、少し気が遠くなりました。

「いいぞ、志保……もっと舌を使ってくれ……」

私の経験人数はとても少なく、だからテクニックなんて何も知りませんでしたが、きっとこうしたらいいんだろうと考えながら、舌を絡ませたり、強く吸ったりしました。

「なぁ、玉もしゃぶってくれよ」

「こ……これを？」

夫にもしたことのない行為でした。でもこのときは何でもしてあげたい一心で応じました。

毛だらけのそれにむせながら口の中で転がしていると、正和さんは「じょうずだな。結婚前はヤリまくってたんだろう？」と、誤解をしながら悦んでくれました。

そのあと、もう一度フェラチオをして、私は杉の木を抱えるようにして立たされました。

「もっと脚を開いて、ケツをこっちに突き出してくれ」

恥ずかしいのを必死にこらえて言われたとおりにすると、正和さんが私の腰をつかんで、アレをグゥッと押し入れてきました。

「ああっ！」

周囲に響き渡るような声が出てしまい、正和さんが背後から私の口を手でふさぎました。そのまま激しく腰を打ちつけてこられ、私は背筋を反らせながら声を噛み殺しました。

外でするのなんて初めての経験でした。

ましてや、義理の兄となんて……。

後ろから乳房をもまれ、奥を突いてこられながら、首筋を舐め上げられました。

「ううっ、ううんっ……」

下唇を噛んで耐える私に、正和さんが耳元で「ほんとにスケベな体だ。男を誘惑するエロい体だよ。感度もいいし、マ◯コの締めつけもいいよ、志保」と、聞くだけで真っ赤になるような言葉を囁いてきました。

私は首を横に振り、自分はただ正和さんのことが好きなだけなんですと伝えたくて、指示されるままに腰をくねらせていました。

「そう、そうだ……いいぞ、志保」

娼婦みたいな振る舞いだったかもしれません。でも正和さんに褒められると、どんな恥ずかしいことでもしたくなりました。

夫とのセックスでは、お互いに無言のままで、体位も正常位だけだったんです。

正和さんに片脚を持ち上げられ、不安定な態勢で必死に木の幹にしがみついたり、コンドームをつけないでしているのも新鮮でした。

「志保、最後は口でぬいてくれ」

そう言われて、合図と同時に振り向いてしゃがみ込み、私の愛液で濡れたアレをフェラチオしました。

正和さんはすぐに果て、口の中いっぱいに苦い精液が溢れました。

「全部飲んでくれよ、志保」

と、両手で頭を押さえられ、私は素直に飲み込みました。

これも初めての経験でしたが、心も体も満たされていて、後悔は何一つありませんでした。

きっと、このときはまだ、興奮の余韻の中にいたんだと思います。


この一件以来、夫と一緒に仕事をしていても、頭の中は正和さんのアレのことでいっぱいになってしまいました。

セックスがこんなにいいものだったのかという驚きと、私自身の中に眠っていた強すぎる性欲へのとまどい……何をしていても体が火照って仕方がなく、以前は習慣になかった自慰をするようになりました。

ただ、罪悪感がなかったかというとそんなことはなく、がんばっている夫の姿を見るたびに、もう二度とあんなことをしてはいけないとの思いも強くするのでした。

ところが、その夫自身に、正和さんへのお使いをちょくちょく頼まれるんです。

それは届けものをするとか、逆に何かをもらってくるとかいう簡単なことでしたが、行けばすぐには帰れませんでした。

「茶でも飲んでいきなよ。あいつには俺のほうからちゃんと伝えとく」

正和さんにそう言われ、家に上がると必ず抱かれました。

私は何度も「もうこれっきりにして下さい」とお願いしたのですが、いざ腕をつかまれたり、抱きしめられたりすると、どうしても体が悦んでしまうんです。

「志保、無理しなくてもいいじゃないか。ややこしいことにはならんから……ほら、こんなに濡らして、かわいそうに……」

欲しがっている証拠をつかまれてしまうと、言いわけもできなくなりました。

あまり長居すると妙に思われてしまいますから、セックス自体はいつも十分ほどで終わりました。

畳の上で抱かれ、最後は精液を飲まされて帰されるのですが、それでも私の体は満たされました。

誰にも言えないことをしている……その罪悪感が、逆に私を淫らにさせていたのかもしれません。愛撫もそこそこに貫かれるだけなのに、その十分の間に何度も絶頂してしまうんです。

もうやめなければ……次こそは断わろう……そう思うのにダメなんです。まるで中毒になってしまったように、正和さんのアレが欲しくて仕方がなくなってしまって、同じことの繰り返しになるんです。

一度、正和さんに抱かれている最中に、夫が訪ねてきたことがありました。私にお使いを頼んだあとで、もう一つ用事があったことを思い出したらしく、玄関で「おーい、兄ちゃん、いるかー?」と呼びかけてくる声を聞いたときには、本当に血の気が引く思いでした。

正和さんが小声で「じっとしとけ」と私に言い、落ち着き払った態度でズボンをはくと、「どうした、志保ちゃんならついさっき帰ったぞ」と平気でうそをつきました。

「道の駅で買い物するとかなんとか言ってたから、行き違いになったのかもしれんな」

夫はその言葉をあっさり信じ、用事をすませるととんぼ返りしていきました。

私はすっかり我に返って、自分もすぐに帰ろうとしました。

でも正和さんは「いますぐ戻ったら、あいつに見られちまうかもしれんぞ。もう少しゆっくりしてけ」と、服を着直した私をもう一度押し倒したんです。

「待って……道の駅で買い物をしていきますから……もうやめて下さい！」

このときばかりは私も本気で抵抗しました。

でも正和さんの力は強く、たちまちパンティを剥きとられ、アソコに口を吸いつけられると、やっぱり力が抜けてしまいました。

「難しく考えることないじゃないか。お前はもう、俺なしじゃいられない体になってるんだ。黙ってりゃあ、みんな幸せでいられるんだよ」

諭すように言われ、何も言い返せないまま悠然《ゆうぜん》と貫かれてしまいました。

事後、道の駅へ行って、たまたま切らしていた油を買って帰ったので夫には気づかれずにすみましたが、正和さんに対して、私がはっきりと不信感を抱いたのはこのときでした。


もう一つ、忘れられない出来事があります。

正和さんに不信感を抱いたあとのことで、もう絶対に家には上がるまいと強い決意をしたうえで、夫に頼まれたものを受けとりに行ったときでした。

「ああ、それなら蔵ん中においてあるから、勝手に持っていきな」

私のかたくなな態度を見た正和さんからぶっきらぼうにそう言われ、庭の隅にある蔵に一人で入ったんです。

正和さんの家は茅葺《かやぶ》きの大きな平屋で、その蔵も家と同様に築百年はたっていそうな古いものでした。

夫に頼まれたのは袋に入った肥料だったのですが、どこにあるのかまったくわかりませんでした。それで少しあせりながら壁沿いを見て回っているとき、正和さんが蔵の中に入ってきて、重たい戸を閉めたんです。

私は閉じ込められました。

きっとこうなるとわかってたのに……。

「お義兄さん……あの、私、いま生理中なんです……だから……」

近づいてきた正和さんにそう言いましたが、構わず抱きしめられました。

すぐに唇を奪われ、股間のふくらみを押しつけられました。

「本当に今日はダメなんです……本当に……やめて下さい！」

押し返そうとしましたが、逆に押されて、私は蔵の隅の古畳の上へ倒されました。

「なあ、志保……お前のそういうところが好きなんだよ。言ってることと体の反応が違っててさ……たまんねぇんだ」

首筋に吸いつかれ、シャツの下から手を入れられて、乳房を強くつかまれました。

「あぁっ」

どうしても洩れてしまう声を恨めしく思いながら、私はそれでも抵抗しました。

「無駄だよ、志保……もう体が熱くなってるじゃないか」

「い、いや……いや……」

「お前、わざと俺を興奮させてるんだろう？」

暴れるうちにスカートがまくれ上がって、太ももを正和さんの手が這い回りました。自分でもどうかしていると思うのですが、それだけでゾクゾクと感じてしまうんです。

「生理って言ったな……どれ……」

強引にパンティをおろされて、ナプキンをつけたアソコに指を喰い込まされました。

「いやっ……やめて！」

「気にしなくてしいいよ、志保の血だったら全部舐めてやるから」

あらためて、この人はどうかしているのかもしれないと思いました。

正和さんはそう言うなり、私の脚を開かせてナプキンを剥ぎとると、血だらけのアソコに顔を埋めてきたんです。

鳥肌が立ちました。

でも、いつも以上に感じてしまったのも事実でした。

ただでさえ許されない関係なのに、もっといけないことをしているという背徳感があって……。

古い蔵の中というシチュエーションだったことも影響していたかもしれません。気がつくと私はあられもない声をあげ、古畳に爪を喰い込ませていました。

「美味しいよ、志保……」

顔を上げた正和さんの口の周りが真っ赤になっていました。

正和さんはそのまま立ち上がり、私を見おろしながら全裸になりました。

そして「今日は中出しできるってことだな」と、無造作に私の中へ入ってきたんです。

もう抵抗はできませんでした。

私自身、欲しがってしまっていたんです。

理性ではまちがっているとわかってるのに、どうしていつもこうなってしまうのか……何度も何度も同じ失敗をして、今日もまた、犯されながら悦びの声すらあげてしまっている……。

そんな自分が信じられませんでした。

「ああっ、あぁ……いや……いや……おかしくなる！」

「おかしいことなんか何もないさ……気持ちいいってことは、それが自然なことだからなんだよ」

平然と言いながら私を抱きしめ、腰を動かす正和さんが、血まみれの口でキスをしてきました。

鉄の味のする舌を吸い、私自身も無意識に腰を動かしていると、もう何が正しいのか、まるでわからなくなりました。

肉体だけのことであるなら、正和さんの言うことも、確かにそうだと思えるんです。

「イク……あぁ！　イクイク……イッちゃう……イクッ！」

混乱と陶酔の中で繰り返しつぶやく私は、どんどん高みへと駆け上っていきました。

正和さんも、いつも以上に興奮しているように見えました。

「志保……志保……やっぱりお前は最高だよ……中に出すからな……俺の精子を……」

正和さんの腰の動きが急に速くなりました。

それにつれて、何度も小刻みに絶頂し、一度イクごとに、ますます快感が深まってくるのを感じました。

「ああっ、あああぁーっ！」

言葉にならない叫び声をあげ、私は大きくのけぞりました。

次の瞬間、正和さんが「志保っ！」と怒鳴るように言い、私の中でアレを弾けさせたんです。

膣の中に熱いものが溢れ、私は絶望とよろこびの入り混じった大きな波に呑まれて、頭の中が真っ白になりました。

夫との間ではまだ子どもを作れる状況になく、私にとって生まれて初めての膣内射精でした。

まるで嵐に巻き込まれたような、怖いくらいの快感……無理やりのひどいことだったにせよ、一生忘れられそうにありません。

もしもあのままの生活が続いていたら、きっとどこかの時点で、私は本当におかしくなっていたと思います。

そうならなかったのは、まったく別の事情から、私たち夫婦が土地を離れることになったからでした。

そのころの私は「正和さんは悪くない……全部自分が悪いんだ」と深刻に思い悩むようになっていました。ちょうどそんな折、不振だった農業に見切りをつけた夫が、街への就職を決めたんです。

もちろん前もって相談してくれていたのですが、私は大賛成でした。土地を離れれば正和さんから離れられる……もうそれ以外に道はないと思ったんです。

事実、私と正和さんの関係は引っ越しと共に終わりました。

街に移ってしばらくの間は、ホッとするのと同時に、どうしようもなく体が疼いてしまい、苦しく感じる夜もありました。でも、夫との子作りの態勢が整い、夫婦の営みが増えたことが救いになりました。

親戚同士としてのつきあいはまだ続いていますが、いまの私は自分の弱さを身にしみてわかっています。もう二度と、あの人と会うつもりはありません。

女性経験のない草食系マザコン独身男
大好きな豊熟ママと秘密のSEX特訓！

三田宏士　会社員・四十歳

若いころの私は、いわゆるマザコンと呼ばれるようなタイプの男でした。

中学生になって同級生の男子たちが母親をババア呼ばわりして反抗的な態度をとるようになったころでも、私は毎晩、母といっしょにお風呂に入っていたんです。

そのことを、別に変だと思ったことは一度もありませんでした。

息子の私が言うのもなんですが、母は美人で、スタイルもよくて、性格も優しくて、私の理想の女性だったんです。そんな理想の女性が身近にいたために、私はクラスメイトの女の子たちにはあまり興味が持てませんでした。

それに、私は特にイケメンでも高身長でもないので女性のほうも私に興味を持って積極的にアプローチしてくるということもなかったため、当然のように私は三十歳になってもまだ童貞のままでした。

大学卒業後は一部上場企業に就職していた私は、そのころ、だんだんと周りから「早く結婚しろ」というプレッシャーを受けるようになりました。

古い体質の会社だったので、三十歳を過ぎて独身だと出世に影響するというのです。男は家庭を持って、やっと一人前というわけです。

会社の上司や取引先の偉い人からお見合いの話が何件も寄せられたのですが、私は写真も見ずに断っていました。だけど、母の知り合いがぜひにと持ってきたお見合い話だけは断ることはできませんでした。

「宏士《ひろし》ちゃんも、そろそろ結婚したほうがいいんじゃないかしら」

と母に勧められてしまったからです。

それに、私がいつまでも独身だと母も肩身が狭い思いをするかもしれないと気がついたこともあり、仕方なくその女性とお見合いをしました。

相手は目鼻立ちのはっきりとした美人で、背が高く、スタイルもよかったので、どうせ断られるだろうと思っていたのですが、なぜだか彼女は私のことを気に入ってくれて、その後、何回かデートを重ねました。

「宏士さんは紳士なのね。たまには野獣になってくれてもいいのよ」

四回目のデートで二人でお酒を飲んでいると、彼女はそんなことを言うのです。その真意を尋ねると、彼女は自分の考えを正直に話してくれました。

彼女は、結婚生活に大切なものは、いちばんに経済力、そして二番目に体の相性だと思っていると言うのです。つまり、暗に「セックスしましょう」と誘われているようなものでした。でも私は童貞で、こういうタイプの女性を満足させられるとは思えませんでした。

もちろんそんなことを正直に言えるわけがなく、私は「今日はちょっと飲みすぎたみたいだから」と彼女をタクシーで家まで送り届けました。

でも、次のデートではもう逃げることはできそうにありませんでした。私にもいちおう、性欲はあったので、できれば彼女とセックスをしたいという思いもありました。だけど、やはり童貞だということがバレてバカにされたくはなかったのです。もしもバレなくても、下手くそだと落胆されるのはまちがいありません。いったいどうしたらいいのだろうと、私は夕飯も喉を通らなくなるぐらい悩んでいたんです。

すると母が私に言うのです。

「宏士ちゃん、何か悩み事があるのね。ママになんでも相談してちょうだい」

母は私のことを誰よりもわかってくれています。だから誰よりも頼れる相手なのです。私は正直に全部話すことにしました。

お見合い相手の女性から「体の相性を確認したい」と言われていること。自分はまだ女性経験がないということ。うまくセックスができなくて彼女を失望させてしまうのではないかと心配なこと。だから、どうしたらいいのだろうと悩んでいること。

包み隠さずに私が全部話すと、母は「そうなのね。わかったわ」と優しい笑みを浮かべました。そして私の目を見つめながら言うんです。

「宏士ちゃん、ママがあなたにセックスを教えてあげるわ」

「えっ？　ママ……それ、ほんと？」

私は驚きました。まさか母がそんなことを言うとは思ってもいなかったのです。母は私と近親相姦しようと言っているのです。だけど、もちろん私は失望なんてしません。それどころか、私はその場でぴょんぴょん飛び上がりたくなるぐらいうれしかったのです。

「宏士ちゃんはママのかわいい子どもだもの。セックスがうまくできなくて恥をかかせたりしたくないの。まずはお風呂に入りましょ」

母は私の手をつかんで浴室へと向かいました。大学を卒業するぐらいまではいっしょにお風呂に入っていましたが、就職して生活サイクルが変わってからは別々に入るようになっていました。

母といっしょにお風呂に入るのは久しぶりです。十年ほど前まではいっしょに入るのが当然のことだったのですが、その日は母の裸を見たとたん、私のペニスはまっすぐ天井を向いてそそり立ってしまったのです。以前、いっしょにお風呂に入っていたときは、そんなふうになったことは一度もありませんでした。

恥ずかしくて私が手で股間を隠すと、母はうれしそうに言いました。

「宏士ちゃんも、もう大人なのね。だけど、それはベッドに入ってからよ。セックスの前には、まず体をきれいにする必要があるの。だって、汗くさかったりしたら興ざめでしょ。まずはママから先に洗うわね」

母が体を洗うのを、私はお湯につかりながら見ていました。乳房がぶるんぶるん揺れる様子も、こちらに向けた大きなお尻を泡まみれのタオルで洗う様子も、すべてが魅力的でした。

母が体を洗い終わると、今度は私が体を洗う番です。その様子をやはり母は湯船につかりながら、じっと見ているんです。

「オチ○チンのカリ首の部分をよーく洗っておきなさい。そこにカスが溜まってたら嫌われちゃうわよ」

言われたとおり、私はペニスを入念に洗い、もう一度湯船につかりました。それと入れ替わりに母はお風呂から出て、先に私の部屋へ向かいました。これから母とセックスするのだと思うと、心臓がドキドキして目眩《めまい》がするぐらいでした。

母から遅れること五分ほどで私もお風呂から出て、腰にバスタオルを巻いて自分の部屋へ行きました。すると母はベッドの中に入り、目を閉じているんです。

「眠っちゃった？」

「ううん。眠れるわけないじゃないの。宏士ちゃんのことを考えてずっとドキドキしてたのよ。さあ、始めましょう」

「うん。わかった」

私は掛け布団をめくりました。すると母は全裸のままだったのです。お風呂で見るよりも、ずっとエッチでした。ペニスがビクンと動き、そのせいで巻いていたバスタオルがとれて足下に落ちました。

「すごいわ、宏士ちゃん。お風呂場で見たときよりも、もっと大きくなってるみたい」

確かにそうです。こんなに大きくなったのは初めてかもしれないと思うぐらい大きく硬くなっているんです。だけど私は、そのままベッドの横で立ち尽くしていました。

「ねえ、ママ……このあと、ぼくはどうすればいいの？」

道に迷った子どものように気弱な声で私がたずねると、母は横になったまま両手を私のほうに伸ばしました。

「まずはベッドに上がってキスをするの」

「……こんな感じ？」

私は母におおい被さるようにして唇を重ねました。もちろんキスをするのは初めてです。母の唇はほんとうにやわらかくて、ただふれ合わせているだけでもすごく気持ちいいのです。だけど、すぐに母からだめ出しが入りました。

「宏士ちゃん、大人のキスはそんなんじゃダメなの。ママの口の中を舐め回して」

もう一度唇を重ね直し、私は母の口の中に舌をねじ込みました。そして母の舌を舐めはじめると、母も私の舌を舐め返してきたんです。驚きましたが、もちろんディープキスのことは知っていたので、私はさらに母の舌を舐めたり吸ったりしてみました。

「あぁぁぁん、じょうずよ。そのままキスをしながらオッパイをもんでちょうだい」

母は唇を重ねたまま、そう言いました。

私は母のアドバイスに従い、オッパイをもみはじめました。母のオッパイにさわるのは、子どものころ以来でした。記憶にあるオッパイよりも、ずっとやわらかくてもみ心地がいいんです。それはもちろん子どものころは性的な思いがなかったからでしょう。

ただもんでいるだけで私の体はどんどん熱くなっていきました。と同時に母の吐息も荒くなっていくんです。私は唇を離してたずねました。

「このあとはどうすればいい？」

「そうね。首筋を舐めてみて」

私は母のオッパイをもみながら首筋を舐めました。すると母は喘ぎ声をあげながら体をそらすんです。

「宏士ちゃん。今度はオッパイを舐めてちょうだい」

私は言われるまま舌を移動させて、母のオッパイを舐め回しました。そして両手で左右のオッパイをもみながら、二つの乳首を行き来してみました。

「あああん……すごくじょうずよ。でも、乳首を……乳首を吸ったり、舌で転がすようにしてみて。オッパイの中でほんとうに感じるのは乳首だけなの」

私は母のアドバイスに従って左右の乳首を交互に吸い、舌で舐め転がしました。すると母の乳首が驚くほど大きく硬くなるのです。そうなることでさらに感度が増すようで、母は喘ぎながら私の髪をくしゃくしゃにするのでした。

「嚙んで……軽く嚙んでみて」

痛くないのかと心配しながらも、私は母の願いどおり乳首を嚙んであげました。

「あああん……いい……気持ちいい……」

舐め回す甘美な快感の中に、ほんの少しの痛みが含まれると気持ちよさが一気に増すようでした。

私は左右の乳首を交互に吸い、舌先で転がすように舐め、甘噛みしつづけました。

「あああん……乳首はもういいわ。そろそろ……もっと下を舐めて……」

「……もっと下?」

「そうよ。アソコがムズムズしてきちゃったの」

私はいったん体を起こしました。母は内腿をピタリと閉じています。その股間には陰毛が黒々と茂っていて、性器自体はよく見えません。

「ママ、これだと舐められないよ」

「はあぁぁん……本番ではちゃんと部屋を暗くするのよ。特に初めてのときは相手の女性も恥ずかしいだろうから。でも、いまは宏士ちゃんに女の体をじっくりと教えてあげなきゃいけないから……」

蛍光灯が部屋を明るく照らしているなかで、母は股を開き、膝を立てました。

私は即座に母の股の間に移動しました。そして、顔を近づけて目をこらしましたが、性器はピタリと閉じたまま、一本の線でしかないんです。

「ママ、これだとよく見えないよ。もっとひろげて見せて」

「あぁぁん、恥ずかしい。でも、かわいい宏士ちゃんのためだもの。ママ、がんばるわ」

そう言うと母は両膝を抱えました。すると陰部を突き出す形になり、それまで張りついていた肉びらがぴちゅっという音とともに剝がれ、そのまま左右に開いていくのでした。すぐに肉びらの奥まで丸見えになりました。

「す……すごいよ、ママ。ヌラヌラ光ってて、すごくいやらしいよ」

「いやっ……そんなことを言ったら恥ずかしいじゃないの。見たいのはよくわかるけど、ただ見てるだけじゃダメなの。ちゃんと愛撫してくれないと」

「どうすればいい？」

「舐めて。割れ目の間をいっぱい舐めて」

「いいよ、ママ。こうしたら気持ちいいんだね？」

私はうつぶせになり、母の陰部に顔を近づけました。洗ったばかりだからか、においは特にしません。私は舌を長く伸ばし、割れ目をぺろりと舐めました。

「あっはあぁん……」

両膝を抱えたまま、母はピクンと体をふるわせました。自分の舌愛撫で感じてくれているんだと思うとうれしくて、私はさらにぺろりぺろりと舐めつづけました。

「ああん……いい……気持ちいい……でも、アソコもやっぱりオッパイと同じで、ほんとうに気持ちいいのは一箇所なの」

「それって、ここのこと？」

私は指でその硬くなった突起物を軽くなでました。

「はっあぁぁん……」

母の反応は激烈で、その部分が女体の中でいちばん敏感な部分だということが伝わってきました。もちろんクリトリスの存在は知っていましたが、そこまで敏感なのかと私は驚きました。

「そこを……そこを舐めて……」

言われるまでもありません。私はクリトリスを舐め回し、口に含んでチューチュー吸い、さらにはさっき乳首にしたのと同じように甘嚙みしてみました。

「はっひぃぃ！」

母の反応はさっきまでとは桁違いです。そのことがうれしくて、私はクリトリスを責めつづけました。すると母はもう両膝を抱えていることもできなくなり、ベッドの上をずり上がっていくのでした。

そんな母の太腿を抱えるように持ち、私はクリトリスに食らいつきつづけました。

「ダメダメダメ！　あああっ……宏士ちゃん、もう……もうやめてぇ……」

母は必死に私のクリ責めから逃れようとします。だけど「やめて」という言葉が本心でないことは私にはわかりました。

母が私のことをなんでもわかっているのと同じように、私も母の考えていることがわかるんです。だからさらにクリトリスを舐めたり吸ったり甘噛みしたりしていると、いきなり母は悲鳴のような声をあげて、ビクンと激しく体をふるわせました。

そして、ぐったりしてしまったんです。

「ママ、大丈夫？」

心配になって顔をのぞき込むと、母はうつろな目を私に向けました。

「はあぁ……大丈夫よ。気持ちよすぎてイッちゃったの。宏士ちゃん、すごくじょうずだったわ。彼女にもこれをしてあげたら、絶対喜ぶはずよ」

「うん、わかった。やってみるよ。ママ、ありがとう」

「あら、まだ終わりじゃないわよ。うふふ、宏士ちゃん、ほんとにすごいわ」

母はゆっくりと体を起こすと、私の股間に顔を近づけてきました。そこにはペニスがそそり立っているんです。お風呂場で服を脱いだときからずっと勃起しつづけていたそのペニスは、もう真っ赤に充血していました。

それを母はペロペロ舐めたと思うと、パクッと口に咥えてしまいました。

「ううう……気持ちいいよ、ママ……うう……」

それはオナニーではけっして得られないような快感でした。母の口の中の粘膜でヌルヌルと締めつけられながらこすられる快感も強烈でしたが、自分のペニスを母がしゃぶってくれているという、その光景がものすごく興奮してしまうんです。

「ああ、ママ……ダメだよ、それ……気持ちよすぎて、もう……」

私が体をくねらせながら苦しげに言うと、母はペニスを口から出してしまいました。そして、唾液で光るペニスの先端に唇を軽くふれさせたまま、私に言うんです。

「宏士ちゃん、いま、イキそうになったでしょ?」

母はなんでもお見通しです。

「うん。気持ちよすぎて……」

「ダメよ。初めてセックスする相手の口の中にいきなり射精するなんて。なかにはいやがる人もいるから、何回かセックスして相手の好みを理解してからにしなさい」

「ごめん。気をつけるよ」

「最初のときは、ちゃんと相手と一つになった状態で射精するの。だけど、いきなり生はダメよ。ママはもう生理が終わってるから中に射精しても平気だけど、今日は練習だから、いちおう、コンドームをつけるわね」

そう言うと母はどこからかコンドームを取り出し、私のペニスに被せはじめました。

「いまは早く入れてほしくてたまらないからママが着けてあげるけど、本番では自分で着けるのよ。ちゃんと練習しておきなさい。さあ、来て」

コンドームを根元まできっちりと被せると、母は私に向かって股を開いてくれました。そこはもうトロトロにとろけていて、誘うようにオマ〇コの穴がうごめいているんです。たとえ初めてでも入れる場所をまちがえることはありえません。

私はペニスを右手でつかんで先端をそのぬかるみに押し当てました。すると簡単にすべり込み、さっきの口の中の粘膜よりももっと気持ちいい温かな膣肉がペニスをねっとりと締めつけてきました。

「あああ、気持ちいいよ、ママ……ううう……」

「はあぁぁん……宏士ちゃん、もっと奥まで……奥まで入れてぇ……」

自分のこの大きなペニスがほんとうに全部入るのだろうかと不安に思っていたのが嘘のように、根元まで埋まってしまいました。

「ママ、苦しくない？」

「ええ、ママは大丈夫。だけど、向こうからおねだりされない限り、あんまり奥まで突き上げないほうがいいかもね。それに、オマ○コは入り口あたりがいちばん気持ちいいって女性も多いの」

「……この辺？」

私はペニスを引き抜いていき、亀頭が辛うじて埋まるぐらいで止めました。

「そ……そうよ。そのおヘソ側を先っぽでこするように動かしてみて」

言われたとおり腰を小刻みに動かすと、いきなり母はシーツをギュッとつかんで苦しそうに顔をゆがめました。

「あああん、すごいわ。ああん、じょうずよ。はああ……そ……そこ……そこ、すごく気持ちいいわ。あああああん！」

母が気持ちいいのと同じように、私も気持ちよくてたまりません。油断したら、すぐに射精してしまいそうです。でも、母とのセックスをもっと楽しみたくて、必死に我慢しました。そんな私に、母がさらなる要求をしてきました。

「宏士ちゃん、クリを……オチ○チンを抜き差ししながらクリを指でいじってみて。できたら乳首を舐めながら……あっはあああん！」

私が言われたとおりに膣とクリトリスと乳首を同時に責めてあげると、母は狂ったように喘ぎはじめました。

「そう、その調子よ。あああん、気持ちいい場所を同時に何カ所も責めるの。そしたら女の人は大喜びするから。あああん、いい……気持ちいい……はあああん！」

「ああ、ダメだよ、ママ。もう……もうぼく、限界だ。ううう……で、出る！」

母のオマ○コは気持ちよすぎて、私はそのままあっけなく射精してしまいました。そのときのペニスのビクンビクンとした動きに刺激されたのか、母もまた絶頂に昇り詰めました。

「あああーん、ダメ！　あっはあああん！」


後日、私はお見合い相手とセックスし、母の教えどおりのテクニックを駆使して、彼女を何度もイカせることに成功しました。

そのかいあって、彼女と結婚し、幸せな家庭を築くことができたんです。

母はいまでも元気で、五歳になる息子を猫かわいがりしています。そして「この子の童貞も、私が奪ってあげようかしら……」と冗談とも本気ともわからないことを、こっそり耳打ちしてくるんです。

引っ越しで汗だくになった義弟を誘惑し新居のベッドで精汁を味わう淫乱熟女！

高須容子　主婦・四十四歳

つい半年ほど前、郊外に念願のマンションを購入し、引っ越したときの話です。

ひとり娘を東京の大学に通わせるまで育て上げ、仕送りもあって、ときに私もパートに出たりもしましたが、夫はがんばってくれたと思います。

ところが、いよいよ来週は引っ越しというときになって、思ってもいないことが起きました。建設会社で働く夫が、現場で足を骨折してしまったのです。命に別状はないと聞いてホッとしましたが、左膝から下をギブスで固めた状態では、とても引っ越しで働けるとは思えませんでした。当日はいても邪魔になるだけだと思い、夫には病院にいてもらうことにしたのです。

もちろん、業者さんは頼んでいましたが、引っ越し先での家具の配置の指示や梱包したものをあけるなどの人手が必要です。東京で暮らしている娘は、大して役に立ちそうになかったので、最初から計算に入れていませんでした。

困ったな、と思っていたところで思いついたのは、義弟の隆彦《たかひこ》クンです。

隆彦クンは夫とは四つ違いの二人兄弟で、見た目も性格もまるで正反対でした。彼はまじめでコツコツと働く夫とは違い仕事が長続きせず、四十過ぎても独身でフリーターのような暮らしをしているのです。もっとも、本人は大して気にしてはいませんでしたが。

それでも私とは一つ年下の隆彦クンは、なぜかウマが合いました。堅物《かたぶつ》の夫との生活における息抜きのような存在というか、たまに遊びにきたときには気楽に話ができる相手だったといえるでしょう。

けれど、がっしりとした夫とは対称的に、見た目もひょろりと長身の隆彦クンですから、力仕事で頼りになるとは思えません。それでもいないよりはマシだと思い、連絡をしたところ、思ったとおり暇を持て余していた隆彦クンは、二つ返事で引っ越しの手伝いを引き受けてくれたのでした。

引っ越し当日の朝、Tシャツにジーンズ姿でやってきたボサボサ頭の隆彦クンは、やはりジーンズにポロシャツ姿の私を見るなり白い歯を見せて言いました。

「義姉《ねえ》さん、バンダナではち巻きなんかして気合いが入ってるね」

「準備で忙しくて美容院にも行けなかったから、長い髪が邪魔なのよ。そんなことより、隆彦クンにはしっかり働いてもらわないと困るわ」

「わかってるって」

例によって飄々《ひょうひょう》とした態度に、やはり期待するだけむだだったかと、私はため息をついたのでした。

ところが、やがて引っ越しの業者が数人やってきて作業が開始されると、いい意味で私の予想は裏切られたのです。隆彦クンは、思いも寄らぬ早いペースで重たい家具や食器棚を荷台に積み込みはじめたのでした。人は見かけによらないとは、まったくこのことです。

引っ越し業者のリーダーの人も、目を丸くして私に言いました。

「お宅の旦那さん、見た目は細いけど大したもんだね。若い連中の二人分以上働いてるよ。うちにスカウトしたいくらいだ」

なぜかそのとき、私は隆彦クンが義弟だとは言いませんでした。いまにして考えると、心のどこかでそう思わせたい気持ちが芽生えはじめていたのかもしれません。

ともかく、引っ越し先のマンションでも、隆彦クンは疲れた様子も見せず働いてくれました。おかげで、夜近くまでかかると思われた引っ越しも、三時くらいには業者の人を帰すほどに片づいてしまったのです。

家具や電化製品などの配置もすっかりすんで、もう後は山と積まれた段ボールの中から細かいものを出して、整理するだけです。

「お疲れ様、おかげでだいたい片づいたわ。でも、隆彦クンって案外と力持ちなのね。引っ越し屋さんも驚いてたわよ」

「最近、肉体労働のバイトばかりやってたから、そのせいかなぁ」

約束した日当ということで、私が差し出したお金が入った封筒を受けとった隆彦クンは、照れ笑いを浮かべて頭をかきました。その表情は、四十を過ぎているのにまるで子どものようでした。

そこで、視線をふとおろした私は、ドキリとしてしまったのです。

汗で湿ってピッタリと肌に貼りついたTシャツの生地が、隆彦クンの筋肉をクッキリと浮かび上がらせています。私はついつい、たるんで腹の出た夫の体と心の中で比較してしまいましたが、すぐにそんなことを考えてはいけないと、ドキドキしながら視線をそらしました。

一方で、彼の体を直接見ていたい、ふれてみたいという欲求が生まれたのも事実です。思い出してみると、夫とはもう三年も営みがありません。そこに突然、義弟から逞しい男を意識させられてしまい、忘れかけていた女の部分に火がついたような気分でした。

そんな私の動揺になど気づかない様子で、隆彦クンは言いました。

「それじゃあ、引っ越しもすんだことだし、俺はこの辺で帰らせてもらうね」

「このあと、何か用事でもあるの？」

「特にないけど」

考えてみるといつも夫がいっしょにいて、これだけの時間、隆彦クンと二人きりになったことはありません。それで彼も、遠慮する気持ちがあったのでしょう。

けれど私の中で、彼をこのまま帰したくないという気持ちが、急に高まってきたのです。

「じゃあ帰る前に、シャワー浴びてスッキリしていったほうがいいわ。汗まみれだし、Tシャツも汚れてるから、そんなんで電車に乗ったら周りに迷惑がられちゃうわよ。なんだったら、うちの人のシャツも貸してあげるから」

「うーん、俺は別に気にしないけど……」

「ちょっと待ってて」

私は引っ越しの段ボール箱を探って、タオルとボディソープを引っぱり出すと、迷っている様子の彼に、強引に押しつけたのでした。

バスルームに続く脱衣スペースのカゴに隆彦クンのTシャツやジーンズ、そしてトランクスが、無造作に入れられています。そこで私もすべてを脱ぎ捨てて、隆彦クンの着ていたものといっしょに洗濯機へ放り込みました。

飾りガラス戸の向こうからは、シャワーの水音が聞こえ、いまの隆彦クンの姿を想像しただけでその場に座り込んでしまいそうです。やはり迷いはありましたが、バスタオルを体に巻くと、それが言いわけになるような気がして、決心がつきました。

「背中、流してあげる」

ひと声かけた私は、隆彦クンの返事を待たず、バスルームの扉をあけました。

「え⁉」

私の姿を見て驚いた隆彦クンは、あわてて背中をこちらに向けてバスチェアに座り、両手で股間を隠します。

「今日はすごく働いてくれたから、このくらいのことはしてあげるわよ」

タオルでボディソープを泡立てると、私は彼の背中をこすりはじめました。

Tシャツ越しに見た、しなやかな筋肉の感触が伝わってきます。

そのうちにじれた気分になった私は、手のひらにボディソープを垂らすと、隆彦クンの背中にふれ、円を描くようにさすりました。

「あっ、義姉さん！」

ビクンと体を固くした隆彦クンは、前のめりに逃げようとしました。

「いいから、私に任せて」

それを許すまいとする私も、自然と彼の背中に体重を預ける格好になります。

その拍子に体に巻いていたバスタオルが落ちました。それで直接、私の胸がボディソープでぬめる彼の背中に、押しつけられる格好になったのです。

「うわっ！」

「ああっ！」

驚いた隆彦クンの短い声と、乳首の先端から体じゅうに走った快感に思わず洩れた私の声が、同時に響きました。

「ちょっと！　それはマズイって、義姉さん！」

隆彦クンは思わず叫びながら、身をよじります。

そんな背中の筋肉の動きが、偶然、私の胸の先端を刺激しました。

こうなるともう、私は自分を止めることができません。

このときにはもう、夫を裏切る罪悪感も、隆彦クンが義弟であることも忘れてしまっていたのです。ただ、そこにいるのは裸の男女だという気分でした。

「お願い、じっとしてて……」

私は無我夢中で彼の背中にしがみつき、手を前に回します。

お互いの胸の鼓動が、響き合っているようでした。

そんな気分を味わうため少し間をおいてから、乳房を使って彼の背中への愛撫を再開した私は、そろそろと手を移動させます。

やがて、私の指先は彼のそり返ったものにふれました。

「ほんとうにダメだって！」

隆彦クンは、またビクンと体をふるわせましたが、今度はもう逃げようとしませんでした。それで私は、思いきって彼のものを握り締めました。

細マッチョというのでしょうか、ひょろりとした印象でありながら筋肉質の隆彦クンにふさわしい、長く硬いものの熱い感触が手のひらに伝わりました。

たまらない気分になった私は、彼の肩越しにのそき込み、耳元でささやきます。

「こんなになっちゃって、すごいわね」

「だって、今日の義姉さん、若々しかったし、体にピッタリしたポロシャツ着てて、だめだと思いながら、どうしてもいろいろ想像しちゃったんだよ」

苦しげに言う隆彦クンに、やっぱり私たちはウマが合うんだと思って、うれしくなりました。私が彼の体を直接見てふれたいと思っていたのと同じで、彼は私の裸を想像してくれていたのです。

私は背後から回した手で、彼のものの頭の部分をなでながら尋ねました。

「実際に、こうして裸でふれ合った感想はどう？」

「義姉さんってスマートに見えて、実際は意外と胸が大きいんだなって」

そこまで答えたところで、隆彦クンは軽くのけぞり、うめきました。

同時に、私の手の中で彼のものがビクンと脈打ち、軽い衝撃が伝わりました。

脈動に合わせて、彼のものの先端から、白濁した精液が何回も噴き出します。

しばらく隆彦クンが落ち着くのを待った私は、彼の耳に熱い吐息をかけながら告げました。

「こんなだだっ広い部屋に、今夜は私一人でいるなんていやだわ。まさか、これで帰るなんて言わないわよね？」

「え？　いいの、義姉さん……」

隆彦クンは、やっと振り向いてうなずきました。

ひと足先にバスルームから出た隆彦クンは、裸のままどうしたらいいのかとまどった様子で私を待っていました。胯間を手で隠すべきか隠さずともかまわないのか、中途半端な動きを繰り返し、迷っている心理が伝わってきます。

バスタオルで体をふきながらそれを目にした私は、彼がかわいくなって義姉として彼をリードしようと決心しました。

「ねえ、隆彦クンってつきあってる人はいないの？」

「そんなの、十年以上いないよ」

「じゃあ、女の人の扱い方とか、すっかり忘れちゃってるわね」

私は隆彦クンと向き合うと、彼のものが目線の高さになるように、その場にしゃがみました。

吐息が当たる距離まで顔を近づけるとすぐに、一度は収まっていた彼のものが、また勢いをとり戻しました。間近に見るその変化が妙におもしろく、その一方で、これが私の中に入ってくるのだと思うと、ムズムズとした気分が高まっていったのです。

もう、後戻りする気はありませんでした。

私は濡れた髪をかき上げ、義弟のものを握るといきなり頬張り、ときどきアイスキャンディのように舌で舐め回します。

彼のものの硬さと熱さ、しなやかさが指と唇に伝わり、興奮した私はこの行為に夢中になっていきました。

「ね、義姉さん！　気持ちよすぎるよ！」

頭上からの声で、やっと我に返った私は、義弟のものから唇を離すと、立ち上がって彼の首に両腕を回します。

その姿勢でキスをした私は、隆彦クンの耳元で、自分でも驚くほどの甘え声を出しました。

「ねぇ、私をベッドまで運んで」

隆彦クンは、すぐに察してくれたようです。

一度腰を屈めると、自分の首に両腕をからめたままの私を、軽々と横抱きにして立ち上がりました。いわゆる、お姫様抱っこというものです。

私は、子どもを産んだ四十女にしては体型が崩れていないと、夫や友人から言われていました。それでも女性にしては身長の高いほうで、それなりの体重はありましたから、お姫様抱っこはあこがれだけのものだと考えていたのです。けれど、引っ越しの作業中に楽々と家具を運ぶときの隆彦クンを思い出し、彼ならできるかもと思い出して年がいもなく甘えてみたのでした。

持ち上げられた私は、その姿勢のまま、もう一度舌をからめるキスを交わしつづけ、寝室に向けてゆっくりと運ばれました。

その間も私は、指先で彼の胸の筋肉の盛り上がりや、背中や太腿の裏に感じる彼の手のひらの感触を楽しみます。バスルームでの行為も含め、この先に控えているメインディッシュのために前菜を味わう気分でした。

やがて私たちは、寝室の前にやってきます。

お姫様抱っこされたまま、私がノブへ腕を伸ばしてドアを開きました。

そこはまだ、隅に段ボールが積まれたフローリング張りのガランとした空間があるだけです。ただ、全面サッシガラス窓にかかった遮光カーテンと、部屋の中央に夫婦のダブルベッドが置かれているだけでした。そのダブルベッドは、引っ越しのついでに新調したものです。

「まるで、そのためだけにあるような部屋だね」

やっとキスを終えた隆彦クンは、寝室を見回して苦笑しました。

私はといえば、夫とはそのダブルベッドでただ並んで眠るだけだろうと、確信に近い気持ちを抱いていました。けれど、そんなことは口に出しません。

「ねえ、それよりも、早く続きを楽しみましょうよ」

興奮が高まりきっていた私は、鼻にかかった声で義弟にせがみます。

うなずいた隆彦クンは、真新しいベッドの上に気をつかいながら私を横たえました。

横目で見る彼のものは、相変わらず立ち上がりそり返った状態を保ったままです。

男性の生理はよくわかりませんが、四十を超えた義弟の年齢を考えると、その光景は頼もしさを感じさせました。

私の視線を感じとったのでしょうか、隆彦クンは私の意表をつくひと言を告げたのです。

「女の人とこういうことになったのは、ほんとうに久しぶりで、溜まっていたってのもあるけど、今日はずっと前からあこがれていた義姉さんが相手だから、全然収まらないよ」

照れがあったのでしょう、冗談めかして言う隆彦クンに、体だけではなく気持ちも一気に高まりました。

その言葉のせいで、夫への罪悪感と、義姉と義弟の関係でこんなことをしている後ろめたさなど、完全に吹き飛んでしまいました。

「隆彦クン」

興奮しきっていた私は、そうするのがあたりまえであるかのように、義弟のものにふれようと手を伸ばしました。

「待って、義姉さん。今度は俺が、義姉さんの全部を見たいんだ」

そして自分が主導権を捕るつもりだったことを忘れた私は、義弟に身をまかせることにしたのです。

私の乳首に舌を這わせながら、隆彦クンはささやきました。

「ずっと兄貴がうらやましかったんだ。俺、前から義姉さんを見ると、モヤモヤしちゃって。ずっと下心を隠して、家に帰ると義姉さんを想像して自分でしてたんだ」

「今日は好きにしていいのよ」

私は喘ぎ声を抑え込みながら、彼の肩をなでてしなやかな盛り上がりを楽しみました。

「想像以上だよ、義姉さん。白い肌もエッチだし、甘い匂いがして興奮する」

隆彦クンは乳首から首筋、腋、さらに脇腹からお臍と、舌で舐め回します。その様子は私を味わい尽くそうとするかのようで、それほどまで私を求めていたのかと、感激に近い気分を味あわせてくれました。

そこに、動き回る舌でのくすぐったいような実際の快感が合わさるのですからたまりません。気がつくと私は、シーツを握り締め、子どもがイヤイヤをするように頭を振って喘ぎ声を洩らしていました。

「ああっ、あああっ」

「こんな日がくるなんて、夢のようだ」

隆彦クンは何のためらいもなく、私の足を広げ顔を埋めようとしました。

私は下の毛が少し濃いほうだったので、急に羞恥心がわき起こり、身をよじり内腿をすぼめます。

「だめよ、恥ずかしい」

けれど、楽々と私をお姫様抱っこできる、隆彦クンの力には抗えません。

訴えを無視してさらに顔を近づけた義弟は、私のあそこを観察します。

「いい眺めだよ。義姉さんは色が白いから、艶のある黒い毛との組み合わせが、すごくエッチだ。その真ん中で、肉色のアソコが濡れて口を開いている光景も」

「いや！　もう見ないで！」

口から出た言葉とは裏腹に、見られているという羞恥心が、興奮に変わっていくのが自分でもわかります。

「ぼくも見ているだけじゃ、我慢できなくなったよ」

そう言った義弟の舌が私のあそこのいちばん敏感な部分にふれた瞬間、頭の中が真っ白になって、羞恥心も夫を裏切る罪悪感も相手が義弟であることも、すべてが吹き飛びました。

「ああっ！　もう、おかしくなるぅ！」

思わず声をあげた私は、逞しい男に抱かれるただの女でした。

「入れるよ、義姉さん」

そうささやくやいなや、隆彦クンは私の入り口にものをあてがい、一気に腰を突き出します。

「あーっ！」

いきなり奥まで貫かれた私は、義弟にしがみつきました。

ある意味で乱暴ともいえる挿入でしたが、それがかえって逞しい義弟にふさわしい気がして、私の興奮を高めます。

「すごい、ぼくはいま、義姉さんに入れてるのか」

感動がこもった口調でうめく隆彦クンに、私はせがみました。

「止まらないで、もっと動いて！　お願い！」

隆彦クンはそれにこたえて、大きな動きで腰を前後させました。それに合わせて、泥田を歩くような湿った音が響きます。私のあそこから溢れ出た愛液が、義弟のものでかき出されて、お尻のほうまで濡らしているのがわかりました。

「そんなエッチな声を聞かされると、興奮してすぐイッちゃうよ」

我を忘れた私は自分でも信じられないほど、声をあげているようでした。

「何度でも受け入れてあげるから、我慢しないで」

続けて、あなたの体力ならまだまだ私を愛してくれるでしょう、と言いかけましたが、言葉にならない喘ぎに変わります。

それから何回、私の中で義弟のものが動いたでしょうか。

隆彦クンは上擦った声で、訴えました。

「義姉さん、イクよ!」

「来て! いっぱい出して!」

私は彼の腰にからめた足に力を込め、つながった部分を押しつけます。

やがて、私の体の奥で義弟のものがふくらみ、続いて熱いものが大量に注ぎ込まれたのを感じました。

私の体はそれに反応して勝手にわななき、快感に流されて何も考えることができない時間が訪れたのでした。

お互い、裸の体にガウンだけを羽織った私たちは、いったん、食事をとったあともまた愛し合いました。隆彦クンの体力は期待以上で、朝まで私を何度絶頂に導いてくれたか、数えきれません。

翌日、私と義弟が交わった証《あか》しであるシーツのしみを目にして、夫婦のためのはずだった新品のダブルベッドを汚してしまったと、忘れていた罪悪感が蘇ったのが印象的でした。

けれどいまでも、夫の不在時には私から隆彦クンを誘って、密かにダブルベッドを汚してしまうのです。

そんな自分の中の女が怖ろしい気さえしていますが、それでも義弟との関係が止められそうにありません。

憧れの美叔母の浮気現場に遭遇して……口止め料代わりに女盛りの肉体を堪能！

三橋啓輔　会社員・四十二歳

杏子《きょうこ》叔母さんは私より十五歳年上なのですが、とても若々しく、二十代前半のときはモデルの仕事をしていました。

子どものころからあこがれの存在で、中学に進学するときには異性をはっきり意識しており、オナニーのおかずにしていました。

それだけに、ひと回りも年上の男性と結婚すると聞いたときはどれほどショックだったことか。

嫉妬の感情で頭がいっぱいになり、勉強も手につかなくなりました。

中三の夏休み、叔母がとなり町にあるマンションに引っ越してきて、一人で遊びにいったときのことです。

彼女が近くのスーパーに買い物に行ったすきに、私は洗濯機の中をあさり、使用ずみのショーツに幼い欲望をぶつけました。

あのときの昂奮は、いまだに忘れられません。

クロッチに刻まれたハート形のシミにレモンイエローの縦筋、カピカピした粘液の跡のような分泌液に驚くと同時に、ペニスが極限までそり返りました。

美しい叔母でも、こんなに下着を汚すものなのかとびっくりし、しばし呆然《ぼうぜん》とした記憶があります。

鼻を近づけると、甘ずっぱさに続いて南国果実にも似たにおいがただよいました。頭がクラクラするほど強烈でしたが、なぜか胸の奥が甘く締めつけられ、同時に理性が吹き飛んでしまったんです。

クロッチを鼻に押しあて、犬のようににおいをかいでいると、叔母のあそこに顔を押しつけているような錯覚に陥《おちい》り、この世の幸せを噛みしめました。

ペニスがズボンを突き破りそうなほど昂《たかぶ》り、私は放出しようと、すかさずショーツを手にトイレに向かいました。

ところが叔母は予想外に早く帰宅し、トイレに入る直前にはち合わせしてしまったんです。あわてて下着を後ろに隠したのですが、手から落ちてしまい、彼女の顔は一瞬にして険しくなりました。

激しく怒られることはなく、親にも内緒にしてもらったのですが、出入り禁止になり、それからは顔を合わせる機会もなくなってしまったんです。

私自身も気まずくて、となり町に足を向けることすらなくなってしまいました。


こうして月日が流れ、高校を卒業した私はある量販店の販売員として就職し、そこで知り合った女性と交際していました。

初めての一人暮らしに精力溢れる年ごろですから、デートするたびにエッチしていました。

そんなある日、なんとラブホテルで叔母と遭遇してしまったのです。

相手の男性は旦那さんではなく、私と同年代の若者に見えました。

あのときはショックと激しい嫉妬から、呆然としていたと思います。

もちろん他人のフリをしたのですが、その日から三日後、叔母のほうから連絡があり、久々に会いたいと私の住んでいるアパートを訪れました。

当時の彼女は三十六歳と、脂が乗り、女としていちばん輝いて見えました。

「啓《けい》ちゃん、久しぶりね」

「うん……何か飲む?」

「そうね、冷たいものがいいわ」

「……わかった」

キッチンで麦茶を用意する間、叔母は部屋の中をキョロキョロ見回しました。

「けっこう、きれいにしてるのね」

「掃除したんだよ。あ、適当なところに座って」

彼女はベッド脇の絨毯に横座りし、夏の暑い時期でしたので、ハンカチを扇子代わりにあおいでいました。

「はい、どうぞ」

「ありがと……はあっ、おいしいわ」

緩やかに波打つ白い喉を見つめているだけで、胸が妖しくざわつきました。

ストレートのロングヘア、切れ長の目にすっと通った鼻筋、真っ赤なルージュを引いた唇と、叔母は相変わらず色っぽく、生白い首筋にハーフパンツの中心が自然と反応してしまったんです。

「あの、用事って……」

さっそく話を切り出すと、美しい熟女はしばし間をおいてから意味深な笑みを浮かべました。

「わかってるでしょ?」

「何が?」

「三日前のことよ。ホテルで、会ったでしょ?」

「ああっ、そのこと」

「まさか、誰にも話してないわよね?」

「うーん、どうだったかな?」

あえてとぼければ、彼女は甘くにらみつけ、唇をツンととがらせました。

「意地悪ね……昔はもっと素直で、かわいかったわよ」

「もう、子どもじゃないから」

「とにかく、単刀直入に言うわ。先日、あなたが見たことは内緒にしてほしいの。もちろん、姉さんにもよ」

「バレたら、何かまずいことでもあるの?」

「説明しなくても、わかってるでしょ? はい、これ」

叔母はバッグから茶封筒を取り出し、目の前に差し出しました。

「なんです?」

「若いんだし、いろいろと入り用でしょ? あなたも、かわいい彼女がいるみたいだしね」

封筒の中を確認すると、万札が五枚入っていたのですが、私は金よりも彼女の体のほうに心を奪われていました。

六年前よりグラマーになり、胸や腰のあたりの肉づきが厚みを増し、人妻の色気をぷんぷん放っていたのですから……。

「あの人、誰なの？　俺と、あんまり歳は変わらないように見えたけど」

「童顔なだけよ」

「どこで、知り合ったのさ？」

「ノーコメント！　そういった事情も含めたお金なんだからね」

ジェラシーの炎がメラメラ燃え上がり、同時に牡の本能が体の奥底から噴き出しました。

お金持ちの旦那さんと結婚し、何不自由のない生活をしているはずなのに、不倫に手を染めている。

しかも、若い男と……。

かわいさ余って憎さ百倍ではありませんが、どす黒い感情が性欲とともに吹き荒れ、私は封筒を脇に放り投げるや、真顔で身を乗り出しました。

「抱かせてよ」

「……え」

「金よりも、叔母さんとヤリたいんだ」

「本気で……言ってるの？」

「いいだろ？　大人になったんだし」

口止め代わりに体を要求すると、叔母は小さな溜め息をつきました。

「はあっ……いやらしいとこ、昔から全然変わってないのね」

あのときの私は感情の赴《おもむ》くまま口にしてしまい、彼女が部屋をあとにする可能性のほうが高いと思っていました。

ところがすっくと立ち上がり、自らブラウスのボタンをはずしていったんです。

「あ、あ……」

「何、ボーッとしてるの？　服を着たまま、するつもり？」

「あっ、いや……」

いまさら冗談だと言えるはずもなく、心臓が張り裂けそうなほどドキドキしました。

相手は初恋の人ですから、想定外の展開にすっかり浮き足だってしまったんです。

ブラウスに続いてスカートを脱ぎだすと、私は目を大きく見開きました。

「あ、ああっ」

レース地のブラジャーとショーツは地肌が透けており、布地面積が異様に少ないセクシーランジェリーだったんです。

くっきりした胸の谷間、切れ込みの深いハイレグがハートを射抜き、パンツの下のペニスが条件反射とばかりにフル勃起しました。

乳房はハーフカップからこぼれ落ちそうなほど大きく、紐のように細いショーツのサイドは肉厚の腰にぴっちり食い込んでいたんです。

服を着ているときはスリムな体形に見えるのに、むちむちの太腿も魅力的で、これが熟女の魅力なのかと感動すらしました。

息せき切ってパンツをおろすと、トランクスの中心が大きなテントを張り、叔母が口に手を添えてクスリと笑いました。

「まずは……どうしたいの？」

「……え？」

「あなたが、リードしてくれるのかしら？」

「あ、あの、その……」

いざとなると滑稽《こっけい》なほどうろたえてしまい、ただ呆然と立ち尽くすなか、叔母はゆっくり近づき、私の体を抱き締めました。

香水に混じり、首筋からソープの香りがほのかに香ったため、おそらく外出前にシャワーは浴びてきたのだと思います。

もしかすると、こちらの交換条件は予想しており、最初からその気だったのかもしれません。

熟女は私の唇を奪い、あまりの情熱的なキスに身がこわばりました。

顔を傾けて大口をあけ、舌を絡ませて唾液をじゅっじゅっとすり上げるんです。

異性との性体験は当時の恋人が初めてで、次元の違う大人のキスに頭の中が真っ白になりました。

彼女はさらに、手のひらで股間の頂を優しくなで上げました。

「む、むふっ」

情けないことに、豊満な体に指一本ふれることもできず、為すがままの状態だったんです。

トランクスのウエストからしなやかな指が差し入れられると、昂奮と緊張は早くもピークに達しました。

ペニスを軽くしごかれただけで快感が背筋を駆け抜け、危うく射精してしまうかと思ったほどです。

長いキスが途切れると、叔母はうるんだ瞳を向け、湿った吐息をこぼしました。

「けっこう……大きいのね」

「ああっ、ああっ」

「ふふっ、かわいいお顔」

熟女は口元にソフトなキスを浴びせたあと、Tシャツを頭から抜きとり、腰を落としざまトランクスをまくりおろしました。

「……あっ!?」

ビンと弾け出たペニスは隆々とみなぎり、胴体には太い静脈が何本も浮き出ていました。

「まあ、すごいわ……もうこんなになっちゃって」

欲情している姿を、あこがれの人に見られている。そのシチュエーションだけで昂奮し、睾丸の中の精液が暴風雨のように荒れ狂いました。

下腹を引きしめて放出願望をこらえたものの、彼女はなんと言葉責めで性感をあおってきたんです。

「ふふっ、我慢汁が溢れてる。いやらしいにおいが、ぷんぷんただよってるわ。ひょっとして、溜まってるのかしら？」

「あ、ああ、ああっ」

「どうしてほしい？　啓ちゃんが望んでること、なんでもしてあげるわ」

「しゃ、しゃぶって」

「何を？　ちゃんと言ってくれないと、わからないわよ」

「チ、チ○ポを……しゃぶってください」

裏返った声で告げると、叔母は満足げに笑い、舌先で裏筋をチロチロと舐め上げました。

続いて縫い目やカリ首をなぞられ、私は歯を食いしばって快楽に耐え忍んだんです。

「く、ぐうっ」

彼女はこちらの様子を楽しんでいるように見えましたが、やがて唇をすぼめ、真上から大量の唾液を滴《したた》らせました。

「お、おおっ」

透明な粘液がゆるゆると滴り落ちてきたときの光景は、いまだに忘れられません。

荒い息が止まらず、両足は震えっぱなしでした。

「ホント……大人になったのね」

叔母は感慨深げにつぶやいたあと、バラのつぼみのような唇を開き、ペニスをがっぽりと咥え込んでいきました。

ぬっくりした粘膜の感触に酔いしれたのも束の間、あっという間に根元まで呑み込まれ、軽やかなスライドが開始されました。

ちゅっぷちゅっぷ、くちゅ、じゅぷっ、じゅぷぷぷっ！

卑猥な水音を響かせながら上下の唇で胴体をこすられ、私はめくるめく快感にどっぷりひたりました。

しかも彼女は首をS字に振り、きりもみ状の刺激まで吹き込んできたんです。

こちらも恋人の拙《つたな》いフェラとは比較にならず、ペニスがとろけそうな感覚に歯がガチガチ鳴りました。

「あぁ、あぁっ」

精液が濁流と化し、出入り口を求めて暴れまくりました。

もちろん、まだ目的を果たしていないのに放出するわけにはいきません。

全身に力を込めて踏ん張った直後、手のひらで陰嚢を優しくなでられ、背筋がゾクリとしました。

ストッパーがあっけなく弾き飛ばされ、どんなに身をよじっても、内からほとばしる欲情は抑えられませんでした。

「あっ、ぐっ、ぐうぅぅっ！」

「ンっ！」

なんと、私は叔母の口の中に大量に放出してしまったんです。

顔の動きが止まると同時に、彼女はみけんにしわを寄せました。そして口からペニスを抜きとり、傍においていたハンカチに精液を吐き出したんです。

「はあはあ、はあぁっ」

「もう……だめじゃない……イクときはイクって、ちゃんと言わないと」

やってしまった。激しい後悔に肩を落としたものの、ペニスは依然としてギンギンにそり返っていました。

「まあ……全然、小さくならないじゃないの」

「お、ふっ！」

熟女は精液が垂れ滴るペニスを握り、またもや口に含みました。

生まれて初めてのお掃除フェラをまたたきもせずに見おろしている間、性欲がU字回復し、ペニスがまたもやムズムズしました。

叔母が立ち上がり、ブラジャーをはずしてたわわな乳房をさらけ出すと、私は赤子のようにむさぼりついていました。

「んぐっ、んぐっ」

「あンっ、あわてないの」

乳丘を手のひらで絞り上げ、乳頭を舐め転がせば、彼女の声が次第に切なげな喘ぎに変わっていきました。

「はあぁ、いい、気持ちいいわぁ」

「お、叔母さんの……あそこも見せて」

思いの丈を正直に告げると、熟女はショーツを脱ぎ、ブランケットを剝ぎとりました。そしてベッドに這いのぼり、あおむけに寝転んで大股を開いたんです。

「いいわよ、いらっしゃい」

「ああっ！」

私はベッドに飛び乗り、股の間に顔を埋めてVゾーンを凝視しました。

発達した肉びらは外側に大きくめくれ、ボリュームたっぷりのクリトリスも包皮から顔をのぞかせていました。

陰唇の狭間で濡れ光る愛液を目にした瞬間、私は無意識のうちにかぶりつき、小さな肉粒を舐めしゃぶっていたんです。

「あ、ンふうっ」

頭上から響く甘ったるい声を聞きながら、攻守交代とばかりに一心不乱に舌を跳ね躍らせました。

今度は叔母をエクスタシーに導きたいと、懸命にクンニに集中したのですが、女とは思えない力で引っぱり上げられ、しなやかな指がペニスに絡みつきました。

「いいわ……入れて」

うつろな目、ねっとり紅潮した頬、妖しく濡れた唇と、神々《こうごう》しいほどのエロチックな容貌に男が奮い立ちました。

あのときは余裕などあろうはずもなく、私は言われるがままペニスの切っ先を濡れた窪みに押し当てたんです。

「あ、ぐっ、くうっ」

敏感な鈴口がぬめぬめの肉突起にこすられ、またもや射精欲求に襲われました。

なんとか暴発をこらえたあと、腰を突き出せば、じゅぷじゅぷと卑猥な音が結合部から響き渡り、夢にまで見た叔母との情交をはっきり実感しました。

「あ、あ……啓ちゃんの……大きくて硬いわ」

「むふぅ！」

とろとろの膣肉が強くも弱くもなく、真綿のようにペニスを包み込んできて、これまた恋人との違いにひたすら驚きました。

叔母は腰を動かしていないのに、粘膜が生き物のようにうねり、胴体を優しくもみ込んでくるんです。

「気持ちいいわぁ」

「お、俺もです」

ひたいに脂汗をにじませながら告げると、彼女は私の臀部に指を食い込ませ、自ら恥骨をバウンドさせせました。

「あっ！」

バツンバツンと肉の打音が響くなか、ペニスが膣内粘膜に引き転がされ、快感のしぶきが瞬時にして全身に広がりました。

女盛りの人妻は、性に対してこれほどどんよくなものなのか。

いまにして思えば、年上の旦那さんでは夫婦の営みに満足していなかったのかもしれません。

私は腰をまったく使えぬまま、頂点に導かれてしまったんです。

「あ、あ、イクっ、イックぅっ！」

「いいわ、出して、中にたくさん出して！」

こうして反撃に転じる間もないまま、膣の中に精液を吐き出しました。

そのあとはシャワーを浴びて、もう一回戦こなし、身も心もとろける感覚を味わいました。

その後、半年ぐらいは関係を続けていたでしょうか。

旦那さんの海外転勤が決まったらしく、叔母もいっしょに渡航。そのまま外国に住みつづけており、顔は一度も合わせていません。

いまはどうしているのかと、あのときの凄まじいエッチを思い出しては悶々としているんです。

第四章
淫罪を呪いながら肉悦を求める男と女

離婚をきっかけに田舎に帰った私の秘密
父と弟との禁忌の三角関係に堕ちて……

菅原智美　パート・四十五歳

私は四十五歳のバツイチ女です。夫と別れたあと、出戻りしました。二度と帰るまいと誓った実家ですが、もう行く当てがなかったのです。

家を出る前には存命だった祖父母は亡くなり、母も五年前に他界しました。農家を営む実家は高齢の父と、私より七歳年下の弟の浩二《こうじ》の二人きりです。

その家に二度と帰るまいと思ったのにはわけがあります。私は、実家を離れるまでずっと、血のつながった実の父と「男と女の関係」だったのです。

当時は母も祖父母も生きていましたが、父と私の関係は黙認されていました。そもそも、私の最初の男性は父だったのです。

私が十代の終わりごろになったある冬の晩、父は何の前ぶれもなく私の布団の中に入り込んできました。

「何なの……父ちゃん」

父は暗がりの中で、低い声で言いました。

「……寒いからだ」

おかしなことをするなと思いつつそのまま寝ようとすると、父はようやく女らしくなってきた私の体をまさぐってきたのです。

「やだ……」

私は声を出そうとして、それを押し殺しました。母や祖父母に気づかれたら大変なことになると思ったからです。

しかし父の行為はそれをいいことにエスカレートしていきました。必死で声を押し殺す私の手をつかんで、自分のペニスを握らせてきたのです。

私の手のひらを熱い棒状のものにじかにさわらせて、その上から自分の手のひらを当てて、握りしめさせたのです。

私の心臓は、破裂するのではないかというほど鼓動が速くなりました。

でも正直に告白すると、私が一方的にされているだけでもなかったのです。

初めて握った男性のペニスに、興奮していたのです。いけないこととは思いつつも好奇心には勝てず、無理強いではなく、自分から父のペニスを握りしめたのです。

「熱いか……」

父の吐息のような声が、耳のすぐ近くで聞こえてきました。

「うん、熱い……」

私の声は震えていました。父は手を離しましたが、私はそのまま自分からペニスに指先を這わせたのです。農作業でゴツゴツと節くれだった指と同じように、父のその部分は太い血管が縦横に走り、荒々しく、太く大きな樹の幹を思わせました。

「はうっ……！」

興奮と緊張でカラカラになった私の口から、喘ぎ声が洩れました。

父の指が、私のアソコにふれてきたのです。初めは寝間着越しに、そして次には下着の上から、そして最後には、じかに……。

「お前のあそこ、毛が全然ないな……」

父が耳元にささやきました。私は恥ずかしさと気持ちよさで全身が熱くなりました。

私は、成長してもあまり恥毛が生えない体質でした。産毛《うぶげ》のようなものがちょっとだけあるという状態です。それがコンプレックスだったので、親から口ではっきりと言われて、たまらない気持ちになりました。でも、それがいやではなかったのです。

私のアソコをまさぐる指先が、どんどんせわしなく動いて、それを受け入れるように、私のアソコもやわらかくとろけてきました。

父はアソコから指を離しました。そして私の目の前に、指をかざしたのです。

「どうだ……こんなに濡れとったぞ……」

父の言うとおり、指先に付着した粘液が、指と指の間で糸を引いていました。最初はまさか、自分の体から出たものだとは思わなかったほどの量でした。

「よほど、気持ちがよかったんだな……」

父にそう言われて、私はこくんとうなずいてしまいました。

父は起き上がって、寝ている私の顔の前にペニスを差し出してきました。

「どうだ、舐められるか？」

私は、目の前の父のペニスを見ました。初めて見る、怒張した男性器でした。灯りは暗いままでしたが、目を凝らすとはっきりと、その形は見えました。手でさわったときに感じたとおり、それは大きな樹のようでした。

むっとするにおいと熱気を感じましたが、不快ではありませんでした。

私は舌の先を伸ばして、てっぺんのふくらんだ頭の部分にふれました。その瞬間、父の体がピクッと痙攣しました。

かわいらしい……実の父に向かっておかしな話ですが、私はそのときそう思ったのです。

しばらく亀頭の部分を飴玉のように舐めたあと、根元から反り返っている裏筋を下から舐め上げました。ぶるんぶるんとペニス全体が揺れて、それがうれしがっているみたいに見えました。私もうれしくなりました。

私は、祖父母や母に気づかれないよう音を立てずにそれを舐め回しました。それでもときおり洩れる「ぴちゃぴちゃ」という音に、自分自身が興奮させられました。

そうこうしているうちに、私は舐めながら自分で自分のアソコに指を這わせていました。そのときまでオナニーをしたことはほとんどなかった私ですが、そうせずにはいられなかったのです。

「欲しいか……」

父の言葉に私はうなずきました。私の脚は父の手で持ち上げられ、はいていた下着を脱がされました。そして、その中に、父の体が入り込んできたのです。

父のペニスの圧を、アソコに感じました。痛みもありましたが、それ以上にペニスを生で感じられることに肉体が悦びを感じていることがわかりました。

ぐっと腰を突き出されると、体が逃げそうになりましたが、父の手が私の体を強く押さえつけて、根元までまちがいなく挿入されました。

これが、オチ〇ポ……私は感動していました。まさかその相手が父になるとは思ってもいませんでしたが、「女になる」ことがこれほどまでに達成感のあることだと思いませんでした。

初めての体験が、そのあと、どのようになったのか、あまり記憶していません。

それよりも、翌朝になってようやく「とんでもないことをしてしまった」という気持ちになったことが、強く記憶に残っているのです。

朝食の場で、家族は不気味なほど静まり返っていました。明らかに、母も、祖父母も、前の晩に何が起こったのか知っていたのです。

しかし、そのことについて誰も何も、ひと言も、言わなかったのです。

私は、自分の家庭は異常なのではないかと思い、怖くなりました。あるいは、私の住む村では、こんなことは珍しくないことだったのかもしれません。

父はあくる晩も、私の布団の中に入ってきました。

こんなことはいけないと思いつつ、私自身も父との行為に溺れました。

そのあくる晩も、その次も、父は当たり前のように私の寝室に来ました。

回数を重ねるごとに、次第に快感が強くなってきました。喘ぎ声を抑えることもだんだん難しくなってきました。

いずれにせよ声を抑えたところで、父と私が関係していることは、周知の事実なのです。でも、弟の浩二にだけは聞かれたくないという気持ちが、私にはありました。当時、浩二は中学生になったばかりの時期でした。ただでさえ難しい年ごろなのに、こんな家族の暗部を知ってしまったら、将来にも影響が出ると思ったのです。

感じるようになった私の反応が面白いのか、父の行為はどんどん激しさを増していきました。言葉でなじったりするようなことも、平気でするようになったのです。

「どうだ、気持ちいいのか、感じてるんだろう？」

「だめ、父ちゃん、聞こえる……浩二に聞こえる……！」

私が切れぎれの声でそう言うと、父はさらに面白がるように、腰を激しく動かして私を鳴かせるのです。

すべては、冬には閉ざされてしまう農村という閉鎖的で特殊な環境のせいだったのかもしれません。そして、その特殊性に、私自身も絡みとられて逃げられなくなってしまうような気がしました。

ここから逃げ出そう。そう決心して、春になると同時に実家を出たのです。

東京に出て働きはじめた私は、職場のとある男性と交際するようになり、やがて結婚しました。しかし結婚生活はうまくいかなかったのです。

原因は、セックスレスでした。

夫はセックスにほとんど興味がないような、異常なほど淡白な人だったのです。

私のほうが求めても、それに応じてくれないのです。

田舎にいたころは、毎晩だったのに……独り暮らしならあきらめもつきます。

でも夫が横に寝ているのに、何にもしてもらえないなんて……。

まんじりともしない夫婦の寝室。私は夫が横で寝ているなかで、故郷で父から受けた淫らな行為の数々を思い出していました。

父ちゃんなら、この時間になると、いつも私に覆いかぶさってきてた……そんなことを考えていると、指が自然と股間へと向かってしまうのです。

だめ、だめ……こんなこと……そう頭では思っても、自分の指を止められないのです。

下着越しにふれたその部分は、すでに体液がしみ出していました。

指をあてて軽く動かすだけで、ネチャネチャと音が立ちます。

私はたまらず手をパンティの中に入れて、クリトリスにじかにふれました。

「んっ……！」

私は口を押さえました。いやらしい、大きな声が出そうになったからです。

夫が寝息を立てていることを確認して、私はさらに激しく指を動かします。そんなとき私が思い浮かべるのはやはり父の指であり、父の唇であり、父のペニスだったのです。

ああ、父ちゃん……父ちゃん……！　自分がこんなに淫らな女だなんて、父と離れるまで知りませんでした。

いいえ、父が私をこんな淫らな女にしてしまったのでしょう。

ほかの男性との経験が乏しい私にとって、男の肉体といえば父のそれでした。だから欲求不満で火照った体を慰めるときも、父を思い浮かべるしかなかったのです。

背徳感や罪悪感は、実際にその行為を行っていた故郷にいた当時以上でした。誰にも見られない心の中でさえ、血のつながった父の肉体を求めてしまう。そんな自分に、恐怖心さえ抱いたのです。

最終的に夫と私は、離婚に至りました。

その後も何人かの男性と、結婚には至らないまでも、一緒に暮らしました。しかしそのどれもが、長続きしませんでした。そして私は気づいてしまったのです。

自分の体を満足させてくれるのは、父だけだということに。

気がつけば私は四十の坂を越えていました。都会に疲れた私は、実家に帰ることを決心したのです。

父ももう、若いころのような性欲はないだろう。

それに私自身も年をとって、女としての魅力もなくなりました。

もう、昔のようなことはないだろう……そう思ったのです。

「よく、帰ってきたな……今日はもう、ゆっくり休め」

父も弟の浩二も、意外なほどあたたかく出迎えてくれました。

残りの人生はここで、静かに暮らしていこう。地元でパートの仕事を見つけて、繁忙期には父と浩二の農作業を手伝って、もう一度まともな家族としてやり直そう……そう考えていた私は、しかし大きな思いちがいをしていたのです。

老いた父の性欲がなくなったと考えたのは、完全に私の誤算でした。父は再び同居を始めたその日の晩から、私の布団の中に潜り込んできたのです。

東京からの長旅で疲れて寝入った私の体を、何かがまさぐってきました。

驚いて目を覚まし、暗闇の中で目を凝らしました。そこには、昔とまったく変わらない光景がありました。私の布団に潜り込んだ父が、私の体を貪っていたのです。

「父ちゃん、何を……」

私は抵抗しようとしました。しかし、初めて父に処女を捧《ささ》げたときと同じように、父は私の手を自分のペニスにふれさせてきたのです。

驚いたことに、その部分は昔と変わりなく、猛《たけ》っていたのです。

「どうだ、まだまだ衰えておらんだろう……」

父は誇らしげに、私の耳にささやきました。

私は、父のペニスから手を離せなくなってしまいました。

懐かしい……この感触……そんな感情が、胸から溢れてきました。父の節くれだった指も、同じように節くれだったペニスも、昔と変わりありません。いえ、それどころか久しぶりに味わう私の肉体に興奮したのか、昔よりも猛っているようにさえ思えました。

私の体も、久しぶりに芯から熱くなってきました。こんな興奮を、やはり私はほかの男性で感じたことはないのです。血のつながりのなせる業《わざ》でしょうか。

父のペニスから手を離せなくなった私のアソコを、えぐるように指が入り込んできます。私の準備なんかまるでお構いなしで責めてくる、この父特有のやり方に、私は結局いちばん感じてしまうのです。

もう我慢できない……私は体を起こして、父を布団にあおむけにしました。

そして着ているものを脱ぐと、父の顔の上に跨ってそそり立った父のペニスを一気に根元まで、のどの奥に咥え込んだのです。

「おお、うう……！」

父の歓喜の声が聞こえてきました。そして自分のアソコにも何かがふれるのを感じました。ふれるだけでなく、ねっとりと侵入してきました。父の舌でした。

「んっ……んんっ……」

父の舌に感じすぎた私は、自分の体を四つん這いになった手足で支えきれなくなって、父の上に体をあずけてしまいました。

父は私のお尻を抱えて、いやらしい手つきで果てることなく撫で回しました。

その愛撫に、私は気が遠くなるほど感じてしまったのです。

感じているのは私だけでなく父も同じでした。私の口の中のものもどんどん熱くなって、やがてびくびくと痙攣まで始めたのです。

その痙攣の激しさが増すにつれて、私のアソコに突っ込まれた父の舌の動きもエスカレートしていきます。

父も私も、自分自身を止められなくなっていました。

私は自分の頭をガンガンと前後に振って、まるで騎乗位でピストン運動をしているみたいにペニスをしごきつづけたのです。

父が私のアソコから口を離して、うめき声をあげました。

「うおうっ……！」

父は、娘である私の口の中で果てたのです。

恐るべきことに、その晩、父はその一回の射精で満足しなかったのです。

「……舐めて、きれいにしてくれ……」

口の中で果てた父は、私にそう命令しました。

私はそれに従いました。精液の汚れを舐めとるうちに、ペニスはみるみる回復していきました。七十歳を超しているのに、その回復力は見惚《みと》れるほどでした。

やっぱり父ちゃんが、いちばん精がある……これでなくちゃダメなんだ……私はそう思いました。セックスレスだった夫も、そのあとにつきあった男性もこんな精力の持ち主ではなかったのです。

やはり最初に体験した男性が、その後の基準になってしまうのかもしれません。最初に父のペニスと精力を体験したから、そのあとにしたセックスはいつもどこか物足りなかったのです。

それとも、血を分けた肉親同士の相性には誰も勝てないのでしょうか。

父は当たり前のように回復したペニスを私のアソコに挿し入れてきました。そして私のアソコも、当たり前のようにそれを受け入れてしまったのです。

「すっかり濡れているな……ずっと、待っておったんだろ、これを……」

父はそんなことを私にささやきながら、握り締めたペニスの先端を蕩《とろ》けたようになった私のアソコにあてがい、一気に腰を突き出しました。

「あうっ……！」

それから先はもう、元の木阿弥《もくあみ》でした。

ふたたび私は父に毎晩抱かれる生活になったのです。

現在、家には父と弟の浩二と私の三人だけです。浩二も、毎晩くり返される父と私の異常な行為には気づいているはずです。それでも父は私を抱くことをやめず、浩二もそれについて何かを言ってくることはありませんでした。

そんなことが続いたある日、父は私にとんでもないことを言ってきたのです。

「浩二もこんな農村では嫁の来手がない……だから、お前が慰めてやれ」

驚きました。父は、弟の性欲の処理を姉の私にするよう言ってきたのです。

さすがに抵抗があり、一度は断りました。しかし浩二の気持ちを思うと不憫《ふびん》でもあり、私は結局、父に従うことにしたのです。

「そうか、引き受けてくれるか。浩二には今晩、お前の部屋に行くように言っておくから」

父は私にそう告げました。

果たしてその晩、まんじりともせず布団にくるまっていた私の体をまさぐってくる手がありました。浩二がやってきたのです。

お尻をさわって、もみほぐすように愛撫してから、徐々に私の体の上のほうに手を伸ばしてまさぐってきます。そして興奮して、だんだんもむ力が強くなるのです。

そのさわり方は、父に瓜《うり》二つでした。

やっぱり、親子なんだな……そんなことを思うと改めて、血のつながった家族同士で交わることに背徳感を覚えましたが、そんな背徳感がまた、私の体の芯を熱くさせるのです。

浩二は私の背後からおっぱいをもんできました。そしてもみながら少しずつ先端にある乳首のところまできて、寝間着越しに乳首をつまんで、伸ばしてきました。

「んっ……！」

私が小さな悲鳴をあげると、私のうなじのあたりに熱い息がかかりました。

「姉ちゃん、気持ちがいいのか……？」

その尋ね方も、父親にそっくりです。

浩二は私のあごを手でつかんで自分のほうに振り向かせて、キスをしました。

幼いころから知っている弟と、初めてのキスをしたのです。

唇がふれた瞬間、浩二はタガがはずれたように私の口を貪ってきました。

「ん、んあ、ぷふう……！」

舌がねじ込まれてきて、唾液が絡み合いました。不思議と、ここまでくると嫌悪感もありませんでした。やはり血がつながった者同士、汚いという感情がないのでしょうか。一線を超えると、血縁者のほうが一体感があるのかもしれません。

キスしながら浩二は私の体を両手で絶え間なくまさぐります。そして長いキスのあと、私の唇と唾液の糸を引きながら口を離し、こう言いました。

「なあ、姉ちゃん、父ちゃんのしゃぶってたんだろ？　俺にもしてくれよ……」

私は無言のまま、弟に向き直って股間に手をやりました。

弟はすでに何も身につけてはいませんでした。剥き出しの股間に熱くなったペニスがビクビクと脈打って、私のことを待っていたのです。

「この、助平が……」

私は弟の下半身に悪態をつきながらも、その部分に顔を近づけていきました。

弟のペニスに唇でそっとふれると、弟はビクッと大きく体をのけぞらせました。

「ずっと、姉ちゃんとこうなりたかったんだよ……」

弟のそんな言葉を聞くと、姉の私自身もうれしさが胸に込み上げてきました。

弟のペニスは、父ほどの大きさや長さではありませんでした。しかし亀頭がやけに大きくて、それが魅力的で舐めずにはいられないのです。

舐めつづけていると、浩二は私にこう言いました。

「親父には、シックスナインもしてやったんだろ……俺にもしてくれよ」

父が、自分が私にされたことを浩二にも話していたとは思いませんでした。

驚きもありましたが、すでに浩二は私の体の下で私とは体の向きを逆にして、あおむけになっていたのです。そして、ものすごい勢いで私のアソコを貪ってきました。

「あっ、うう、ん……!」

思わずうめいてしまいました。浩二の舐め方は、父とは少し違いました。「飢えている」という感じが強いのです。本当に、相手がいないんだなと憐《あわ》れになりました。

姉弟でぴちゃぴちゃと音を立てて互いの性器を舐め合いました。ケダモノのような行為をして、ケダモノのような声を出して、ひたすら快楽に没頭したのです。

弟の亀頭はやはり大きくて、口の中に入れるといっぱいになりました。その亀頭が興奮して熱くなっていると、私自身も舐めていて興奮してしまいます。

やはり、私と、私の家族は異常なんだろうか……そう思いながらも、舌の動きを止めることはできません。

「ぷはあ……た、たまんないよ……姉ちゃんの中でイキたい……」

浩二はそんな言葉を口にしてきました。私も抵抗はしませんでした。

重ね合わせた体をいったん離して、浩二は私の体を布団にあおむけにしました。

そして、私の両脚を開いて中に入り込んできたのです。

ああ、来る……！　ぞくぞくと背筋が寒くなるような、それでいて体の芯は熱くなるような、不思議な感覚でした。肉親同士で交わるときは、やはりこの感覚があるのです。

亀頭が大きいぶん、入れるときの充実感は父以上でした。

「ううっ、あああ……！」

私の声も、より大きく出てしまうのです。

「親父に、聞かれるぞ……」

浩二はうれしそうな顔で私に言いました。自分のペニスで私に大きな声を出させたことがうれしかったようです。

浩二は、すぐには腰を動かさず、じっくりと感触を味わっている様子でした。

「姉ちゃんのま○こ、気持ちいいぞ……」

私に抱きついて耳元にそうささやきました。そしてゆっくりと腰を動かして、だんだん速くしていったのです。すぐに結合部がなじんで、私も欲しくなってきました。

「ああ、んん、ああ……いい、とっても……！」

浩二は私を抱きかかえて、いわゆる座位の体勢で腰を突き上げました。

そのまま夢中で腰を動かしながら互いの体をまさぐっていたときに、私は妙なことに気づきました。自分の体にふれている手の数が、二本よりも多いのです。

私は弟に貫かれながら、後ろを振り返りました。

そこには父がいました。父が私の寝室に入り込んで、弟と交わっている私の体を、どさくさにまぎれるように愛撫していたのです。

「ああ……んっ、父ちゃん、何を……ああっ……！」

浩二は、父にさわられて感じて声を出す私を見て言いました。

「やっぱり、父ちゃんにさわられると感じるんだな……」

その目には、嫉妬のような感情が見てとれました。そして、父に対抗意識を燃やすように、浩二はさらに激しく腰を動かしてきたのです。

「あっ、はっ、いっ、ああっ！」

がくがくと揺れる私の乳房を、父が後ろからもんできます。そして私の顔を背後から強引に振り向かせ唇を重ねてきました。そして口を離すと、こう言ったのです。

「浩二が終わったら、次はわしがかわいがってやるからなあ……」

浩二の腰の動きが、限界に近いくらいに速くなってきました。父の手が私の乳房をまさぐりながら、徐々に胸の中心の突起を親指と人差し指で挟んでこねる責め方をしてきました。浩二の腰の動きと同調するように、指責めも激しくなるのです。

私の下半身、いいえ、全身が限界に達しました。

「ああ、ううっ！」

気が遠くなるのと同時に、浩二の精が自分の体の奥に放たれるのを感じました。

現在でも、実の父と弟との淫らな三角関係は続いています。きっと死ぬまで、このことは誰にも言えません。

ジョギングをする五十路義母に魅了され妻には内緒で豊満ボディを責めまくり！

高橋和徳　会社員・二十七歳

私は三か月前、妻と二人で早朝ジョギングをすることに決めました。

私自身が運動不足だったことと、何よりも妻が太り気味になってきたからです。

本人もそれを気にしているようですが、手軽なダイエット食品に手を出すだけでやせる気配はなく、このままでは太る一方なのはまちがいありません。

そこで無理を言って妻にもジョギングを始めさせてみたものの、案の定まったく乗り気ではありません。三日もすると早くも音《ね》を上げ、文字どおりの三日坊主になってしまったのです。

それからはいくら誘っても起きなくなり、私はジョギングのパートナーを失ってしまいました。

せっかく始めたジョギングも一人では張りがなく、誰かといっしょに走りたかったのです。このままでは私までモチベーションを失ってしまいそうでした。

「そんなに一人で走るのがいやなら、私のお母さんを誘ってみたら？」

悩んでいる私に妻がかけてくれた言葉に、なるほどと思いました。

私の義理の母親にあたる美穂《みほ》さんは、今年で五十歳になったばかりです。まだまだ若々しく、色気たっぷりの美熟女でした。

義父は単身赴任中で、我が家の近所で一人暮らしをしており、寂しいのかよく私たち夫婦に会いにきていました。

なので私から声をかけてみれば、誘いには乗ってくれると思ったのです。ただジョギングに興味を示してくれるかは半信半疑でした。

とりあえず義母に電話をしてみると、

「私と二人で走りたいの？　いいわよ。喜んで」

と、すんなりオーケーしてくれました。

翌日、早朝に義母の家に行ってみると、すでにジョギングウェアに着替えて私を待ち構えていました。

私からの電話を受けたあと、急いでジョギングウェアとシューズを買い揃えたのだそうです。ジョギングは未経験とのことでしたが、私と走るのを楽しみにしていたようでした。

もっとも、妻ほどではありませんが、義母もやや太めのむっちり体型です。胸もお尻もボリュームがあり、ウェア越しにもそれがはっきりわかります。

思わず私はゴクリと生唾を呑み込みそうになりました。ただでさえ色っぽい体つきなのに、薄着になるとますます目立ってしまうのです。

まずはジョギング初心者の義母のために、ゆっくりしたペースで近所のコースを走りはじめました。

最初こそ義母は張り切りすぎて息が上がっていましたが、走り慣れてくるとペースも上がってきました。

予定したコースを一周するころには、晴ればれとした顔でこう言ってくれたのです。

「ジョギングって初めてだったけど、けっこう気持ちいいのねぇ。明日からも誘ってくれるかしら」

妻と違って義母は音を上げず、翌日も私との早朝ジョギングを楽しんでくれました。

ただ私はというと、走りながらプリプリと弾む胸やお尻にばかり、目を奪われていました。

ときには義母のジョギングウェアの下が、肌にぴったりと張りつくレギンス一枚ということもありました。雑誌で見て自分もこういうのを着てみたいと思い、買ってきたのだそうです。

確かによく似合ってはいたのですが、走っていてお尻の形が丸わかりでした。おかげで私まで毎朝のジョギングが、ますます楽しみになりました。義母と二人で走っている間は、いい目の保養の時間になっていたのです。

そんなある日のことでした。その日は日曜日だったのですが、いつものように早朝ジョギングを終えると、義母が私に家に寄っていかないかと誘ってきたのです。

「今日は日曜だから、お仕事も休みでしょう？　たまにはうちでゆっくり休憩でもしていったら？」

「いいえ、そういうわけには……」

私の体は汗で濡れていたし、義母の家で二人きりになるのはなんとなくマズい気がしたのです。ただでさえ私は毎朝義母の姿を見てムラムラし、どうにか性欲を抑えつけていたのですから。

「ね、お願い。私も一人で寂しいのよ。たまには誰かといっしょにおしゃべりをしたいし、ジョギングに誘ってくれたお礼もしたいの……」

そうまで言われては、さすがに断れなくなってしまいました。それに妻は日曜はいつも寝坊をするので、私の帰宅が多少遅れても気づきはしないはずです。

こうして私は義母の家に上がらせてもらったのですが、汗びっしょりの体では、ゆっくりとくつろげる気分ではありませんでした。

「いまのうちにシャワーを浴びてきたら？　その間に冷たい飲み物とデザートも用意しておくから」

「すいません。では遠慮なく」

気をつかってくれた義母に礼を言い、私は風呂場へ向かいました。

風呂場は広々として清潔に保たれています。一人暮らしでも掃除を欠かさないのが、ものぐさな妻とはまったく正反対でした。

さっぱりした気分でシャワーを浴びていると、風呂場の外に人の気配を感じました。物音で振り返った私は、ドアの近くに義母が立っていることに気づきました。しかも擦りガラス越しに、服を脱いでいるのがわかるのです。

「えっ、ちょっと待ってください。そこで何してるんですか!?」

慌てて声をかけると、ドアが開きました。

私は目の前に現れた義母の姿に度肝を抜かれました。下着さえ身に着けていないまっ裸だったのです。

さらに義母は裸の体を隠すこともせず、にこやかな顔で私に近づいてきました。

「いっしょにシャワーを浴びてもいい？　私も汗びっしょりなの」

「え……いや、いいですけど……」

しどろもどろの私とは対照的に、義母に恥じらう様子は見られません。まるで当たり前のことのように堂々としていました。

これまで幾度も眺めてきた体ですが、お互いに全裸で向き合うのはもちろん初めてでした。

ふくよかな胸はやや垂れ気味で、大きめの乳輪が広がっていました。乳首も指先ぐらいのサイズがあります。

ぽっちゃり気味のお腹の下には、濃い陰毛がびっしりと生え広がり、股間を覆い隠していました。

まさに熟女の色気を詰め合わせたような肉体に、私は思わず目を奪われたまま立ち尽くしていました。

「ふふっ、そんなに下のほうばかりジロジロ見られると恥ずかしいわ」

「あっ、すいません」

つい股間の繁みに見とれていた私に、義母が手で隠す仕草をしながら言いました。

といっても本気で恥ずかしがっているのではなく、見られることを嬉しがっているような表情です。

義母は私の正面に立つと、鼻歌を歌いながらシャワーを浴びはじめました。

このような状況でも、私はどうにか理性を保っていました。いくらすぐそばに裸でいたとしても、絶対に手を出してはいけない相手です。

しかし義母はさらに距離を縮め、ぴったりと体をくっつけてきたのです。

豊かな胸のふくらみが、グニャリと押しつけられました。

「あの、お義母さん……」

「これまでずっと一人だったから、ジョギングに誘ってもらえてすごく嬉しかったの。でも本当は私、ジョギングよりもあなたに興味があったのよ」

思わぬ告白に私は驚きました。まさかジョギングを始めた目的が私だったとは。

しかも義母も私の下心を見抜いていたらしく、わざとぴっちりとしたジョギングウェアで誘惑をしていたようなのです。

しかしなかなか私から手を出してこないので、こうして強引に迫る手段をとったというのです。

「私みたいな五十を過ぎた女でも性欲はあるのよ。あなたに抱かれたくて、今日までずっと我慢していたんだから」

話しながら胸をこすりつけるだけでなく、私のペニスにも手を伸ばしてきました。

当然ながら私はすでに勃起していました。その硬さを確かめるように、下から上まで指が絡みついてきました。

「ううっ」

心地よい刺激に私はたまらず声を洩らしました。

「やだ、すごい！　こんなに硬くなってる。娘とは週にどれくらいしてるの？」

「いや、ここ最近はまったく……」

「そうなの？　もったいない」

実のところ妻とはまったくと言っていいほどセックスをしていません。お互いに倦《けん》怠期《たいき》で、どちらからも誘うことさえないのです。

それだけに義母の誘惑は、私にはたまらなく魅力的だったのです。なにしろ若い妻の肉体よりも、五十代の義母のほうがずっと色気があったのですから。

とうとう我慢できなくなった私は、ふくよかな胸をじっくりとさわりはじめました。

たっぷりとしたサイズだけでなく、やわらかさも申し分ありません。手のひらに余るような肉が、タプタプと弾んで形を変えています。

「あんっ……」

乳首への愛撫に、義母は敏感に反応しました。

ただでさえ大きなサイズの乳首が、興奮して硬く尖っています。コリコリと指先で刺激してやると、義母の表情がうっとりとしていました。

「気持ちいい……人に体をさわってもらうのも久しぶりなの」

どうやら義母は他人の手で愛撫をされるのが好きなようです。

それならばと、胸だけでなくほかの場所もじっくり撫でさせてもらいました。

特に私がさわってみたかったのが、いつも走りながら目の前で揺らしていたお尻です。いったい何度、我慢できずに手を伸ばしてしまいそうになったことか。

そのため正面からではなく、背後に回ってからお尻のふくらみを撫でてやりました。

「ふふっ、なんだか痴漢されてるみたい」

義母が言うように、私の手つきは痴漢そのものです。巨大なお尻のさわり心地のよさは、すぐに手を離せるものではありません。

さらに私はお尻のふくらみを撫で回すだけでなく、指を太ももの奥に滑り込ませてみました。

そこは股間から続く毛がうっすら伸びていて、縦長の割れ目が口をあけています。

「ああっ……！」

私の指は軽くなぞっただけで、ぬるりと穴の奥へ入っていきました。

そこはシャワーのお湯とは違う、熱く粘りのある液体が溢れていました。まだ指を入れただけなのに、すごい濡れっぷりです。

敏感な義母は指を突き入れたまま膣内をまさぐってやると、早くも腰を揺らして喘いでいました。

「んっ、ああんっ、そこ……とっても気持ちいい」

単身赴任中の義父とはめったに会えないでしょうし、かなり欲求不満だったに違いありません。喘ぎながらまるで指に犯されているように、壁に手をついてお尻を突き出してきたのです。

私も興奮を抑えられなくなり、ズボズボと激しく指を出し入れさせてやりました。

中のきつさはそこそこで、ねっとりとまとわりつくような感触です。ペニスを挿入すればどれほど気持ちいいか、待ちきれなくなりました。

すぐにでも挿入したかったのですが、指を抜くと義母はくるりと私のほうを向いて、おもむろにしゃがみ込みました。

「今度は私が気持ちよくしてあげる……」

と、ペニスを口に含んでフェラチオを始めたのです。

妻にもあまりしてもらったことがないだけに、思わぬサービスでした。

義母の唇はペニスを深く呑み込み、いっぱいに頬張っています。口の中ではザラついた舌が絡みついてきました。

「おおっ……」

快感のあまり、私は股間にある義母の頭に手をおきました。

しかし私が手を動かさなくても、勝手に口が上下に動いてくれます。くわえたまま顔が前に迫ってくるので、腰を引いてしまいそうになりました。

もし妻がこんなふうにしてくれていたら、私は毎晩のように妻を抱いていたでしょう。フェラチオのテクニックも肉体も、何もかもが妻を上回っていました。

しばらくの間、私は快感にうっとりしながら、義母の丹念な奉仕をたんのうしていました。

しかし困ったことに、あまりに気持ちよすぎるので、このままだと口の中で果ててしまいそうなのです。

私にとっては悩ましいところでした。もっとフェラチオを続けてもらいたい反面、早くこの熟れた体を抱いてみたい気持ちもあるのです。

ギリギリまで我慢してきましたが、私は強引に義母の口からペニスを引き抜いてしまいました。

「もうダメです……早く抱かせてください」

私の言葉に、義母は嬉しそうな顔で立ち上がりました。

「いつでもいいのよ。私も待ちきれなかったんだから」

そう言うと、先ほどと同じように壁際に立ち、お尻を突き出すポーズをとってきました。

どうやらこのまま犯してほしいという合図のようです。風呂場を出てベッドに行くよりも、私と同じようにすぐにでもセックスをしたかったのでしょう。

期待に応えるために、私はさっそく義母の背後から腰を押しつけ、ペニスを股間の入口にあてがいました。

挿入しやすいように義母は自らお尻を開いています。待ちきれないという言葉どおり、肛門までヒクヒクと動いていました。

「じゃあ、いきますよ……」

そう声をかけると、一気にペニスを押し込みました。

「ああんっ！」

これまでで最も大きな声が、義母の口から飛び出しました。

私も思わず「おおっ」と声を洩らし、腰を抱いて体を密着させました。

ぬかるんだ穴はペニスをすんなりと呑み込み、やわらかく包み込んできます。締まりこそキツくはないものの、なかなかの気持ちよさです。

親子でも妻とは膣の感触がまったく違いました。しっかりと奥まで貫いてみると、義母のほうが体温が高く、微妙なうねりがあるのがわかります。

「ねぇ……どう？　娘に比べて、私のあそこは」

まるで私の頭の中を読みとったように義母が聞いてきました。

「とっても素晴らしいですよ。お義母さんのほうが、ずっと気持ちいいです」

「あら、そこまでお世辞を言わなくてもいいのに」

そう言いつつ、義母はどこか満足げです。もしかして親子でありながらも、自分の娘に対抗意識があったのかもしれません。

背後からつながった私は、義母の体を両手で抱えながら腰を動かしはじめました。

「あっ、ああっ！　あっ……いいっ！」

一突きごとに、艶《なま》めかしい喘ぎ声が風呂場の中に響きました。

適度に脂肪のついた、ふくよかな体の抱き心地は最高です。強く体をぶつけても、大きなお尻がクッションになってくれます。

腰を動かすついでに、プルプルと弾んでいる胸をわしづかみにすると、義母がのけぞるように唇を求めてきました。

「こんなの初めて……家の中に押し入ってきた人に、乱暴に犯されてるみたい」

興奮気味に囁いてきた義母には、もしかするとレイプ願望があったのかもしれません。

それならばと、私はより腰の動きを激しくしてやりました。体のぶつかる音がするほど乱暴に突き上げると、義母は悦びの声をあげてくれました。

「ああっ、もうダメ……イキそうっ！」

義母がそう叫んだとき、私は一足先に限界を迎えそうになっていました。

先に義母をイカせようと思ったのですが、もう間に合いそうにありません。私は慌ててペニスを引き抜き、お尻の上に精液を放ってしまいました。

「すいません。あんまりお義母さんの体がよかったので、つい……」

予想外に早く終わってしまったため、私は義母に謝りました。

「いいのよ。まだ時間はあるんだから。もう一回ぐらいできるでしょ？」

と、義母は私の前で跪き、射精したばかりのペニスを口に含んだのです。

まさか終わったばかりで二回戦をせがまれるとは思いませんでしたが、義母のテクニックで早々とペニスが復活することができました。

一日に二度もするなんて新婚時代以来です。今度こそはと張り切り、改めてバックから義母にペニスを挿入しました。

相変わらず具合のいい体を相手に、私は必死になって腰を振りつづけました。

「ああんっ！　私……イキそうっ、今度は抜かないで。中に出してっ！」

そうせがんでくる義母に、私はためらいつつもこう応じました。

「わかりました……このまま中に出しますからね！」

抱いているうちに、ペニスへの締めつけも強くなっていました。まるで自分の中で果てることを、体が求めているかのようです。

五十代ではさすがに妊娠はしないだろうと、私は祈るような気持ちで快感に身を任せ、射精してやりました。

「ああ……すごくよかった。私もあんなに感じたの久しぶりだったの」

義母は私が射精する前に、ちゃんとイッてくれたようです。

走り終えて二度も射精をすれば、さすがにスタミナは残っていません。心地よい疲労感に包まれながら、義母を連れて風呂場を出ました。

シャワーを浴びたあとは、テーブルに並べられていたフルーツをご馳走になり、ついでに足のマッサージまでしてもらえたのです。

こうしてすっかりくつろいで帰宅するころには、時計は十時を回っていました。さすがに寝坊助な妻も起きている時間です。やけに私の帰宅が遅かったことを怪しまれるかもしれないと思い、内心では冷やひやしていました。

ところが妻は「おかえり」とテレビを見ながら言うだけで、怪しむどころか私に関心さえ寄せていないのです。これには拍子抜けしましたが、複雑な心境でした。

そのおかげで、私は毎朝のジョギングと同時に、義母との浮気も楽しめるのです。お互いにセックスで性欲を満たし、健康にも気をつかうようになって一石二鳥と、いいことづくめです。

ただ、義母がどんどん淫乱になってきているので、それだけは少し困っているのですが……。

ヌードモデルを志願してきた可愛い姪
瑞々しい裸身を筆先で嬲り尽くして……

海原慎太郎　画家・六十歳

私は、画業で生計を立てている者です。

といっても、満足に食っていけるようになったのは、五十歳を超えてからのことでした。

美大時代から人物画ばかり描いていたのですが、肖像画の実力が評価され、成功した会社経営者や地位のあるお客の依頼が、安定して入るようになったのです。世間が抱く画家のイメージと違って、一般的には無名の肖像画家という存在ですが、いまの自分に満足しています。

そんな私にとってスタートとなった作品は、三十年も前に当時高校生だった、姪の摩耶《まや》をモデルにして描いた肖像画でした。その作品は彼女が結婚したときに記念として贈ったのですが、それでも自分で気に入っている数枚は、いまでも私の手元に残っています。

中でも一枚、絶対に誰にも渡したくない、というよりも自分だけのものとして、他人に見せたくない作品があります。いまでもたまに引っぱり出しては、あのころの二人だけの思い出にひたるための作品なのですから。

高校卒業を間近に、進路を決める段階になって美大を受験して画家になると言ったときには、両親はもちろん、親戚一同から猛反対を受けました。

というのも、私の一族はその地方では名士ぞろいで、医者や弁護士、公務員、銀行員といった堅苦しい肩書の持ち主ばかりです。なかには、市議会議員になった親戚もいました。そんな一族のなかで、画家などという道楽に近い稼業《かぎょう》に進みたいなど、正気の沙汰ではないとまで言われたものです。

私の才能を認めて、目をかけてくれた美術教師も、父親の一喝を受けて引き下がるしかありませんでした。

こうなると私も意地になって、家出同然で上京し、二年の浪人生活を送ったのちに、なんとか私立の美大に入学しました。在学中は、母親が内緒で最低限の仕送りを送ってくれたので、絵の勉強に専念することができたのは幸いでした。

もっとも、私が画家になるのを応援してくれていたわけではありません。いずれ現実を知って堅い職業についてから絵は趣味で描けばいい、と何度も手紙に書かれていたのを覚えています。

ほんとうの苦労は、大学卒業後に待っていました。

結局、自分は器用貧乏というか、技術がまだ中途半端な段階だったのでしょう。夢が捨てきれないまま、就職もせず、時間の都合がつくアルバイトを転々としながら、相変わらず売れもしない絵を描く日々を送っていました。

ここにいたって母親もさすがに愛想を尽かし、仕送りも打ち切られました。画材は意外に高価なものです。おかげで文字どおり食うに困った生活を送るはめになり、ときに日雇いの肉体労働をしながら、それでも絵筆を握らない日はありませんでした。

やがて三十歳を超えたころには、カルチャースクールで絵画担当講師の職を得ていました。主催者は当時住んでいた市だったので、ボランティアのようなものです。ギャラも安く、生活が苦しいことに違いはありませんでしたが。

そんなある春の日のことです。突然、電話をかけてきたのが年の離れた兄の娘の摩耶でした。

喫茶店で待ち合わせた摩耶とは十五年ぶりに会いましたが、面影が残っていたせいですぐにわかりました。

大学を下見するため、日帰りで東京に行くといったところ、私の母親からついでに様子を見てきてほしいと頼まれたそうです。

「私も慎太郎《しんたろう》叔父さんにずっと会いたいと思ってたから、ちょうどよかったわ」

高校の制服姿の摩耶は、まぶしいような笑顔を浮かべました。

記憶の中の姪は、まだ幼児といってもよい年齢で、親戚の集まりなどではなぜか私になついてくれて、べったりと横にくっついていたものです。

それがいまでは、ショートカットの少しボーイッシュな雰囲気でありながら、ととのった顔立ちの女性になっていて、こちらのほうがなんとなく気恥ずかしい気持ちを抱いてしまったほどです。

そんな彼女は、俗に言うお嬢様女子大に推薦で進学するのが決まっているのだと、つまらなそうに言いました。

「受験で苦労しないですむから、よかったじゃないか」

「ほんとうは普通の大学の文学部に進学したかったんだけど、お父さんが許してくれなくて、勝手に推薦入学の話を決めちゃったのよ」

あの兄ならそうだろうなと、私は密かに苦笑しました。

「兄さんなりに、摩耶ちゃんのことを考えてくれているんだよ」

「結局、お父さんには逆らえなかったけど、自分の人生は自分で決めたかったんだけどね。その点、慎太郎叔父さんは自分を通しきったんだからあこがれるわ」

摩耶は私が美大に行ったときの騒動を、兄から何度も聞かされていたと言いました。

どうやら、彼女も私に似た一族の異端児だとこのときに感じ、親近感を抱きました。

そして、その気持ちは姪も同じだったようです。

そんな一通りの雑談のあと、摩耶は帰りの電車まで、まだかなり時間があると言い出しました。

「どこか行きたいところがあれば、案内するけど」

「だったら、叔父さんの絵が見たいわ」

そう言われても、私の絵など美術館などに飾られているはずもありません。自然、私が住居兼アトリエとして郊外に借りている、広いだけが取り柄の古い借家に案内することになりました。東京でもこんな田舎びたところがあるのかというような場所に残されたあばら屋です。

アトリエに足を踏み入れた摩耶は、目を輝かせました。

しばらくの間、物珍しそうに散乱している描きかけの絵やら画材を見たり手にとったりしていた姪は、私に振り返ると弾むような口調で言ったのです。

「ねえねえ、叔父さん、私のこと描いてくれないかな？　高校生のころの私を、絵で残しておきたいの」

「それはかまわないけど、そんなすぐには完成しないよ」

「じゃあ、決まりね」

鏡に向かって手早く髪をととのえた摩耶は、椅子を勝手に引き寄せて座りました。

その後も、何やかやと口実をつけて月に一度ほど上京した摩耶は、兄には内緒で私のアトリエにやってきて、帰る電車の時間ギリギリまで短時間だけ絵のモデルを続けてくれました。

私服でやってきたときは制服を持参し、時間が惜しいと目の前で着がえはじめたときにはさすがに驚きましたが、まだまだ無垢《むく》でかわいい姪だな、くらいに思っていました。

そんなペースでの作業でしたから、摩耶の肖像画が完成したのはちょうど彼女が高校を卒業するころで、ギリギリ間に合ったとホッとしたのを覚えています。

やがて、女子大に入学し東京で一人暮らしを始めた摩耶は、頻繁に私のアトリエを訪ねてくるようになりました。一族のなかでの似た者同士、東京での暮らしに関する相談や愚痴《ぐち》など、私には気楽に話すことができたようです。そのかわりというわけでもないのでしょうが、彼女は相変わらずモデルをつとめつづけてくれていました。

そんな二年間ほど、何枚か摩耶の肖像画を描きつづけているうちに、私は彼女の微妙な変化に気づいたのです。

ときどき、無垢な少女の表情の中に大人の女を漂わせるようになりました。体つきも大人のそれに変わっていくのが、着衣の上からもわかります。

それでも、叔父と姪であることには変わりありません。

私は摩耶のおかげで自分の観察眼が磨かれたのだと、無理やり思い込むことにしていたのでした。

しかし、ある秋の夜、これから行っていいかと摩耶から電話があり、まだそれほど遅い時間でもなかったので、私は気軽に承諾しました。どうせまた、何か愚痴を吐き出すだけ吐き出して、終電で帰るのだろうくらいに思ったのです。

ところが、タクシーでやってきた摩耶は、明らかに酔っていました。これまで、そんな姪を見たことはありませんでした。

「何かあったのか？」

さすがに少し心配になって部屋に招き入れた私に、摩耶は抱きつくと笑って尋ねました。

「ねえ、叔父さん、私って魅力ある？」

いきなりの問いかけと、なによりも姪の胸の弾力と甘い体臭にパニックに襲われた私は、辛うじてうなずきました。

「も、もちろんだよ。そうでなけりゃ絵のモデルなんかやってもらってないさ」

「よかったぁ」

そう言うと摩耶は、泣き笑いの表情になりました。

何が何やらわからないまま、彼女をベッドで寝かしつけ、私はアトリエの長椅子で横になって毛布をかぶりました。この時点で自分を抑えることができたのは、やはり叔父と姪の関係がブレーキをかけていたせいでしょう。それに自慢ではありませんが、このころはカルチャースクールで知り合った人妻と楽しんでいて、女には不自由していなかったこともあります。

それでも壁一つ隔てたベッドで寝ている姪を想像すると、なかなか寝つけませんでしたが。

翌朝は、鼻をくすぐるシャンプーの匂いで目が覚めました。

「叔父さん、そろそろ起きてよ」

「あ、ああ」

目の前には自分を揺り起こす、髪が濡れたままの摩耶の顔がありました。

「勝手にシャワー借りちゃった。あと、適当に服も借りたわよ。叔父さんも目覚ましに、シャワー浴びてくれば？　その間に、朝ご飯の支度しておくから」

目をこすりながら長椅子で半身を起こすと、摩耶は私のTシャツに白いタオル地のバスローブを羽織っていました。バスローブは美大で裸婦像の課題のときに買って、それからは使っていなかったものです。

促されるままシャワーを浴び、トーストとコーヒーの軽い朝食をとったあと、私は摩耶にさり気なく問いかけました。

「昨日は何かあったのか？」

「まあ、いろいろと、ね。それより慎太郎叔父さん、私のことを魅力的だって言ってくれてうれしかった」

「正直な気持ちさ」

それを聞いた摩耶はうつむき、思いきったように言ったのです。

「だったら、お願い、私の全部を描いてほしいの」

立ち上がった摩耶は、バスローブ、そしてTシャツを脱ぎ捨て、淡いブルーの下着姿になりました。さらにその下着にも指をかけて、私の目の前で全裸になったのです。

「お、おい、いきなりどうしたんだ？」

さすがにあわてた私ですが、摩耶は無言で長椅子に横たわり、こちらを向きます。

このときの私は、叔父と一人の男と画家の立場が、心の中でせめぎ合っていました。それでも結局は、彼女の裸体を自分の手で絵として残したいという、画家としての欲求が勝りました。

それほどに、摩耶の二十歳の体は、私の想像を超えて美しかったのです。

肌は透き通るように白く、程よい大きさの乳房はまだ成熟はしきっていないものの、すっかり大人のそれとなり、弾力を予感させました。その先端の淡いピンク色の乳首は、鮮やかな印象でいやでも目に焼きつきます。

くびれのカーブを中心に上半身と下半身、そして手足が指先までそり返るように自然にしなやかに伸びていました。そのバランスも、完璧といってよかったでしょう。脚の合わせ目の丘には、萌えはじめた若草を思わせる薄い茂みがおおっています。

気がつくと私は、チャコールペンシルを握り、一心不乱で摩耶の裸体をキャンバスに描き写していました。

私が我を取り戻したのは、そんな作業に没頭して三十分ほども過ぎたころでしょうか。それまで彫像のように動かなかった摩耶の体が、揺れました。

彼女の集中力がゆるんだのだと思い、ひと息入れるため声をかけようと、私はキャンバスから視線をはずしました。そのとき、私は摩耶の白かった肌が、うっすらと桜色を帯《お》びはじめていることに気づいたのです。

それだけではありません。視線が絡み合うと、摩耶は横になったまま長椅子の背に片足を乗せ開いてみせました。

「叔父さん、もっと奥の部分までほんとうに私を見て、描いてみたくない？」

「え？」

その場に固まった私に、姪は上気した表情でつけ加えました。

「私だけ全部を見せるのは、恥ずかしいわ。だから、叔父さんも脱いで」

摩耶は言葉だけでなく、私が作業着にしているジーンズのジッパーに手を伸ばします。私のその部分が、ジーンズの生地の下で硬くふくらんでいたことを初めて意識しました。

欲情しているのは、彼女だけではなかったのです。

そう気づいた瞬間、私は画家であることを、ましてや摩耶にとっての叔父であることも忘れ、一人の男になったのでした。

摩耶は震える指で、私のジーンズとトランクスを脱がせにかかります。同時に私は絵の具で汚れたTシャツを脱ぎ捨て、全裸になりました

バネ仕かけのように上を向いたペニスを目にした摩耶は、その場で膝をつきゴクリと唾を飲むと、おそるおそる根元を握り唇を近づけます。そして、思いきって先端部分を頬張りました。

摩耶の口の温かさ、舌のぬめった感触がペニスの先端を包み込みます。けれどその先の動きはぎこちないもので、経験が浅いことは明らかでした。それがうれしくもあり、いじらしいとも感じた私は、姪の髪をそっとなでます。

「無理しなくてもいいよ、摩耶」

「叔父さんのが、こんな大きいとは思わなかったから」

ペニスから口を離した摩耶は、照れくさそうに微笑みました。

私は彼女を立たせると強く抱き締め、キスを交わしながら、この愛おしい姪にはできる限り優しくしてやらなければと考えていました。そのとき、一つのアイディアが浮かんだのです。

摩耶の細い肩を抱いてアトリエの隣の間に移動した私は、彼女をベッド横たえ告げました。

「ほんの少し、待ってて。摩耶の全部を描くために、試したいことがあるんだ」

全裸のまま一度アトリエに戻った私が、再び摩耶のもとに戻ったときには、右手に新品の絵筆を握っていました。柔軟性に富んだ、イタチの毛でできた筆です。

これから何が起こるのかと思っていたのでしょう、ベッドの摩耶はあおむけで目を閉じ、盛り上がった乳房を隠すように腕を組んでいます。

私はそんな彼女の耳から首筋にかけてを、絵筆でそっとなでおろします。

「あっ！」

小さく叫んだ摩耶は、白い喉元をのけぞらせました。

「くすぐったかったかい？」

「うん。でも、気持ちいい」

薄く目を開いた摩耶の声は、また照れくさそうな微笑を浮かべます。

その言葉を受けた私は、彼女の体の輪郭をなぞるように、白い肌の上に絵筆をすべらせつづけました。興奮で硬くとがった乳首周辺は、円を描きます。

絵筆が動くたびに、摩耶は「んっ、あっ！」と短く喘ぎ、首をのけぞらせます。そして、筆先が下半身の茂みをなで上げると、ビクンと腰を浮かせました。

「摩耶、奥まで全部を見せてくれるって言ったよね？」

素直にコクンと首を振った摩耶は、無言のまま両脚を広げます。

絵筆を手に顔を近づけた私の視界に、濡れて開いた肉ひだの奥の、色素の薄い桃色の粘膜が飛び込んできます。

すぐにでも挿入したい衝動を必死に抑えて、私は筆を使いつづけました。

小さく顔を出しているクリトリスの周辺は、特に慎重な筆先の動きで、なぞったりつついたりを繰り返します。

やがて、腰をまた浮かせた摩耶の喘ぎは叫びに変わりました。

「ああーっ！　叔父さん、入れてぇっ！」

彼女の愛液をたっぷり含んだ絵筆をやっと置いた私は、痛いほどに硬くなったペニスを握ると先端をあてがい、ゆっくりと前進させます。

すぐにペニスを摩耶の熱さが包み込み、私は思わずうめきました。

「うっ」

「あぁっ」

たっぷり濡れていたせいで、入り口はスムーズでしたが、姪のヴァギナの内部は窮屈すぎるほどで、暴発をこらえるのがやっとです。

私は腕の下の摩耶が、目尻にうっすら涙をにじませ、苦痛に近い表情を浮かべていることに気づきました。

「やめようか、摩耶？」

「まだ慣れてないだけ……だから気にしないで、叔父さん」

「そうか、ごめんな」

許しを得た私は、ゆっくりと彼女の中で動きます。

姪とセックスをしているという罪悪感があるにはありましたが、それよりも、美しいものを自分の自由にしているという感激が勝っていました。

気がつくと私は、夢中になって摩耶に突き立てていました。

摩耶もまた、私にしがみつき、腰を押しつけてきます。

「ああっ、変になるっ！」

そんな叫びと同時に、ただでさえ窮屈だった彼女の内部が、キュッと締めつけてきました。

「摩耶っ！」

互いを抱き合う腕に力が入り、私は大げさではなく気が遠くなるような感覚の中、姪の中で爆発させたのでした。

それからの一年半、摩耶は毎週のように私のアトリエを訪れました。一つは絵のモデルをつとめるため。もう一つは求め合うためです。お互いの体になじんだころには、獣のように愛し合い、摩耶も毎回絶頂に達する女になっていました。

あの夜は、初めて出来た彼氏から別れを告げられて、メチャクチャになりたい気分だったのだとも教えてくれました。そのとき、思い浮かんだのが私だったそうです。

その後、兄の言いつけで地元に戻った摩耶は見合い相手と結婚し、いまでは子どもも大きくなり、平穏な生活を送っていると聞きました。

私は相変わらず独身のまま、こんな歳になってしまいましたが、手元にある彼女の裸婦像さえ眺めていれば、それで十分満足できるのです。

◉新人作品**大募集**◉

マドンナメイト編集部では、意欲あふれる新人作品を常時募集しております。採用された作品は、本人通知のうえ当文庫より出版されることになります。

【応募要項】未発表作品に限る。四〇〇字詰原稿用紙換算で三〇〇枚以上四〇〇枚以内。必ず梗概をお書き添えのうえ、名前・住所・電話番号を明記してお送り下さい。なお、採否にかかわらず原稿は返却いたしません。また、電話でのお問い合せはご遠慮下さい。

【送付先】〒一〇一－八四〇五 東京都千代田区神田三崎町二－一八－一一 マドンナ社編集部 新人作品募集係

素人告白スペシャル《しろうとこくはくすぺしゃる》 忘《わす》れられない相姦体験《そうかんたいけん》

二〇二二年十月十日 初版発行

編者◉素人投稿編集部【しろうととうこうへんしゅうぶ】

発行◉マドンナ社
発売◉二見書房 東京都千代田区神田三崎町二－一八－一一
電話 〇三－三五一五－二三一一（代表）
郵便振替 〇〇一七〇－四－二六三九

印刷◉株式会社堀内印刷所 製本◉株式会社村上製本所 落丁・乱丁本はお取替えいたします。定価は、カバーに表示してあります。

ISBN978-4-576-22137-3 ◉Printed in Japan ◉©マドンナ社